高效能团队

如何快速打造一支高能量铁军团队

沈柏宇◎著

中国商业出版社

图书在版编目（CIP）数据

高效能团队：如何快速打造一支高能量铁军团队 / 沈柏宇著. -- 北京：中国商业出版社，2021.7
ISBN 978-7-5208-1704-2

Ⅰ. ①高… Ⅱ. ①沈… Ⅲ. ①企业管理－组织管理学 Ⅳ. ①F272.9

中国版本图书馆 CIP 数据核字（2021）第 142795 号

责任编辑：朱文昊　黄世嘉

中国商业出版社出版发行
010-63180647　www.c-cbook.com
（100053　北京广安门内报国寺 1 号）
新华书店经销
文畅阁印刷有限公司印刷
*
710 毫米 ×1000 毫米　16 开　14 印张　200 千字
2021 年 7 月第 1 版　2021 年 7 月第 1 次印刷
定价：59.00 元
* * * *
（如有印装质量问题可更换）

高效能
团队

前言

在市场竞争激烈的当下，拥有卓越的团队，才能成为有梦想、有未来的企业，而卓越的团队，必须具有强烈的集体精神和共同文化。少数优秀员工带领打拼的时代早已远去，在真正的铁军团队中，每个人都是带头者和参与者，每个人都会贡献全力去战胜困难完成任务。拥有这样的团队，管理者才能体验到经营带来的幸福感，因为当团队成为铁军，所有人就拥有了共同的信仰与灵魂，管理者拥有铁军的力量，就拥有了希望。

本书源自铁军团队课程内容的提炼，写给每位追求卓越的企业团队管理者，也写给每一位有目标、有志愿的团队员工。铁军团队课程自诞生以来，孜孜不倦地教导着企业团队管理者注重团队精神、培养执行文化、传递大我之爱，鼓励凝聚大家的智慧和能量，去克服成长道路上的困难。正是由于对铁军团队精神的学习和弘扬，才能有越来越多的企业塑造出良好、和谐、愉悦的工作氛围，这样的工作氛围，不但能够帮助团队管理者实现所追求的目标，提高工作的效率，也能有效缓解团队员工内心的紧张和工作的压力。

本书凝聚了铁军团队课程的精华部分，共包括九个篇章。其中，第一章论述铁军团队的意义和价值，帮助读者了解为何企业需要铁军团队而非普通团队。第二章强调铁班底的重要性，即只有先打造出铁班底，才能拥有铁军团队。第三、第四、第五章重点围绕培养铁军团队的执行力展开，分别论述了提高执行力的价值、要领和步骤，帮助读者深入了解如何以执行力为突破口，将团队打造为团结一致、高效作战的铁军。第六章论述如何在铁军团队中弘扬大我精神，打破成员的私心，破解团队凝聚的隔阂。第七章分析铁军团队能量提升的途径，从将爱提升到不同层次的境界入手，使团队管理者能有效引导成员的情感投入，将每个人的正能量汇聚成为统一的能量场。第八章则展示了开展团队学习的方法，帮助管理者了解如何通过学习，不断维系铁军团队前行的动力。第九章则分析了六个知名案例，剖析了他们从一线员工成长为企业铁班底的历程，能给读者以鼓励。

本书除了理论分析之外，还结合商业竞争与课程培训中发生的具体案例，向读者展现了各类企业团队的管理运营经验。其中，既有知名企业得以成功的经典战例，也有普通企业赖以"翻身"的实践经历，能够让读者从不同层面，领会铁军团队的打造方法与心得，从而有所收获。

铁军团队精神，能使团队距离成功越来越近，能让管理者更加懂得如何与员工相处，也能促使企业员工不断挖掘自身潜力，更快乐地投入工作。更重要的是，通过学习铁军团队精神，将有越来越多的人通过协同工作，成为受人尊敬、受人喜爱的人。

铁军团队精神，其内涵在于美好的人性，其目标在于未来的成就。它将通过本书的传递，尽力帮助每个人实现能力与心灵的飞跃，使更多企业迈上新高度，收获与以往截然不同的美好事业体验。

目录

第一章　再强大的企业，也少不了一支铁军 \001

01　真正厉害的企业，都会打造强大的团队 \003

02　战斗力极强的铁军是企业发展的标配 \007

03　铁军团队是企业赢利的放大器 \011

04　给你一个团队，你该怎么打造 \016

05　重新认识和打造你的团队 \023

第二章　根深才枝叶茂，如何打造铁班底 \027

01　铁班底的六大关键要素 \029

02　统一铁班底思想才无往而不胜 \033

03　打造铁班底的六个吸引点 \037

04　打造铁班底之认识周期 \041

05　成为铁班底之成员层级 \046

06　打造铁班底之能力成长 \051

07　打造铁班底之定位定心 \056

08　打造铁班底之提升境界 \060

第三章 去做才是关键，如何打造执行力 \067

　　01　培养成果思维，努力拿到成果 \069
　　02　培养责任思维，以高度责任感对结果负责 \074
　　03　培养挑战思维，胜己者胜一切 \078
　　04　执行力落地的七个方法 \084

第四章 做事不找借口，执行的九大要领 \089

　　01　时间节点 \091
　　02　永不放弃 \096
　　03　信守承诺 \099
　　04　建立团队 \103
　　05　杜绝借口 \107
　　06　精益求精 \110
　　07　接受监督 \113
　　08　奖惩方式 \116
　　09　创造措施 \120

第五章 能承诺有措施，执行的六大步骤 \127

　　01　明确成果 \129
　　02　完善措施 \133
　　03　完成期限 \137
　　04　奖惩措施 \140
　　05　挑选检查人 \143
　　06　公众承诺 \146

第六章 破障碍显大我，打造团队的方法 \151

01 大我与小我如何合理调节 \153

02 阻碍团队走向卓越的九种障碍 \155

03 "大我"的智慧如何影响团队 \159

04 打造团队文化的七种方法 \161

第七章 有嘉许能蜕变，打造团队能量的方法 \165

01 爱的价值与如何发现爱 \167

02 爱的五种境界 \169

03 敢于给别人嘉许，你才能蜕变 \171

04 懂得感恩，团队才更有凝聚力 \174

05 有爱的明天才会更美好 \177

第八章 懂学习才能赢，如何打造爱学习的团队 \181

01 团队中，唯有学习和成长不可辜负 \183

02 学习的五项修炼 \185

03 如何放下身段，全身心投入学习中 \187

04 认识到自己的不足，才能学习进步 \189

05 在团队中学习，是最好的修炼 \191

06 懂学习的团队，才是铁军团队 \193

第九章　如何从一线员工到企业铁班底 \197

　　01　善于沟通，才能赢得好机遇 \199

　　02　勇敢付出，不求一时 \202

　　03　聚焦重点，养成良好习惯 \204

　　04　赢得信任，证明自己给领导看 \207

　　05　扎根团队，真正强大的并不是背景 \210

　　06　目标导向，成为敏捷团队的"天才" \213

高效能团队

第一章

再强大的企业，也少不了一支铁军

每个企业都在奔向强大的路上。强大的因素，并非仅源于资本、机器、技术、产品等物质，也不能只凭借对市场的观察、对政策的把握、对竞争对手的熟悉、对客户的了解，更不可能单纯依靠一个人、一件事、一次营销、一次合作……

　　企业的真正强大，来自"人"的强大。各种背景与类型的人才走入组织，将不断受到团队管理与文化体系的影响，他们究竟是凝聚成为一支铁军，还是日渐涣散，变得分崩离析？如何解答这一问题，决定着企业的未来。

01
真正厉害的企业，都会打造强大的团队

什么是企业？企业是基于内部合作基础而形成的商业化组织。

什么是团队？是指一群互助互利、团结一致的人，他们为统一的目标和标准，愿意持续付出共同努力。

真正厉害的企业，都会打造强大的团队。团队稳定，企业将相对稳定。团队建设目标一致、不断发展，企业将蓬勃生长、无往不利。企业的管理者必须将打造强大的团队视为己任，才能从团队的强大中获得回报。

联想集团创始人柳传志先生曾说："中国有很多优秀的人才。这些人才好比一颗颗珍珠，需要一根线把他们联结起来，组成一条美丽的项链。"企业想要不断强大，不可能只依靠创始人的一己之力，也无法将希望寄托于少数几个成员身上。管理者必须找到优秀的人才，将他们组成强大的团队，再激活团队的潜力，使企业拥有战无不胜攻无不克的铁军。

打造强大团队，企业才有未来

企业是商业组织，但并非只是一群想赚取利润的人。企业团队与普通群体存在显著区别。在那些强大的企业里，团队是由成员和管理者组成的共同体，这一共同体更强调个人的主动性，利用每个成员的知识和技能协同工作、解决问题，达到共同目标。否则，企业将只有成群结队的工作群体，而谈不上团队化管理。

1. 团队的构成要素

企业打造强大团队，首先应明确团队的构成要素。团队有五个重要的构成要素，分别是目标、人员、定位、权限和计划。

团队应树立既定的目标，为团队成员导航，使他们清楚努力的方向。缺乏目标，团队也就无法成立。

团队应拥有足够的人员。人是团队最核心的力量，人员的选择和配备是建设强大团队不可忽视的过程。

团队的定位具有两层内涵，首先是团队在整个企业中处于什么位置，其次是团队中的个体成员，负责扮演什么样的角色。

权限是促成团队实现目标的有力保障，如财权、人事权、信息权等。

计划则是指引团队整体方向的内容。只有在计划的预先约束和实际引导下，团队才能一步一步地贴近目标，通过实现目标来获得成长。

2.强大团队的特征

强大团队与普通群体的区别，主要体现在如下几个方面。

（1）领导方面。普通群体的领导权力结构性中心化，一两个人主宰整个群体的任何事务。强大团队则并非如此，尤其当团队发展到成熟阶段时，其内部事务的决策权往往是经过明确划分共享的。

（2）目标方面。普通群体目标只强调集体的一致性目标，强大团队通过集体的分配和引导，使成员将个人目标和团队目标合二为一。

（3）协作方面。普通群体的协作程度通常并不高，某些情况下，其成员还会消极甚至对立。强大团队则充盈着齐心协力的氛围。

（4）责任方面。普通群体的主要责任总是归于管理者。强大团队中，除了管理者需要负责外，每个团队成员都会对各自的工作岗位负责。

（5）技能方面。普通群体成员的技能很可能存在相同和重复现象，即便其技能不同，并未经过有机组合形成合力，在强大团队内，成员技能总是相互补充的，团队建设者有意识地将不同知识、技能和经验的成员整合在一起，形成有效的角色互补，实现整个团队的组合。

（6）结果方面。普通群体的工作结果，是其中每个成员绩效的简单相加。强大团队的工作结果或绩效，则由每个成员共同合作完成，远高于个人工作结果的简单相加。

拥有强大团队，企业才能拥有未来。而建构强大团队，必须将团队精神作为重点。

强大团队精神，是企业文化的精髓

优秀企业千姿百态，其相同点是强大的团队精神。打造团队精神，成员才会齐心协力，企业才能在共同文化引导下茁壮成长，反之，则会是一盘散沙。

许多人容易将团队和工作小组、部门混为一谈，但它们存在本质区别，团队精神是其重要标志。

在很多企业内，部门、小组只是将工作目标分解到成员个人，本质上只是注重个人任务，并未强调共同的精神追求，小组、部门的工作目标只是个人目标的简单总和。在这种环境中，成员们很难形成团队精神，他们不愿为共同工作结果负责，也不会尝试获得协作带来的增值效应，企业文化的建设和发扬无从谈起。

真正的团队精神，能凝聚整个团队。在这里，每个成员都相互分享信息、观点和创意，他们共同决策、彼此帮助，以更好地工作。由此，每个成员都能感受到彼此的吸引与认同，这种团结一致的氛围，构成了企业文化的精髓。

尤其是现代企业经营模式下，更需要团队紧密组织、团结协作。面对激烈的市场竞争，企业想要立于不败之地，最关键的是应具有市场认可的品牌、良好的售后服务体系、领先的产品质量，这些因素诞生于生产、服务、营销和推广过程中，凝聚着所有成员的心血和汗水，取决于团队运行的精神面貌如何。缺乏团队精神的企业，将会失去应有的方向感，无论其规模、背景如何，都将在竞争中失去方向感和自我定位。拥有坚强团队精神的企业，才能基业长青。

从成员个人成长来看，也不能缺少团队精神和企业文化的灌溉培育。虽然时代强调个人价值，但单打独斗、野蛮生长的时代早已远去，团队合作是个人成长的必然平台。企业着重培养团队精神，既是为企业本身提供打造源源不断的动能，也是为每个成员开拓学习展示的舞台。当新成员进入企业，感受到团队精神，就会珍惜各自角色，努力提升素质，丰富工作经验。当新成员逐步成长为老成员时，他们又会反哺团队，将团队精神继承发扬，使之固化为企业文化。

在这样的企业中，成员具有独当一面的责任感和魄力，也懂得精诚合作、以十当一的重要性，他们每个人都清楚自己与企业的关系，将个人和组织目标合二为一。

总之，团队精神是企业核心竞争力的源泉，市场竞争也就是团队精神的竞争。那些始终立于不败之地的企业，无不因团队精神形成了优良的企业文化，从而具有强大的竞争力。

团队精神不只是集体意识，更有种种细微差别。集体主义意识更多强调共性，要求个性为共性让步，甚至要求个体利益为集体利益牺牲。在优秀的企业内，成员的诚信、团结、创新等特质，都是发自内在且高度自律的，不可能在单纯强制条件下形成与发挥，而是以个人自由、独立和尊严为前提。团队精神正以此为基础，将组织变成了真正协同的整体。

在优秀的企业里，强大的团队精神发挥着重要作用，如图1-1所示。

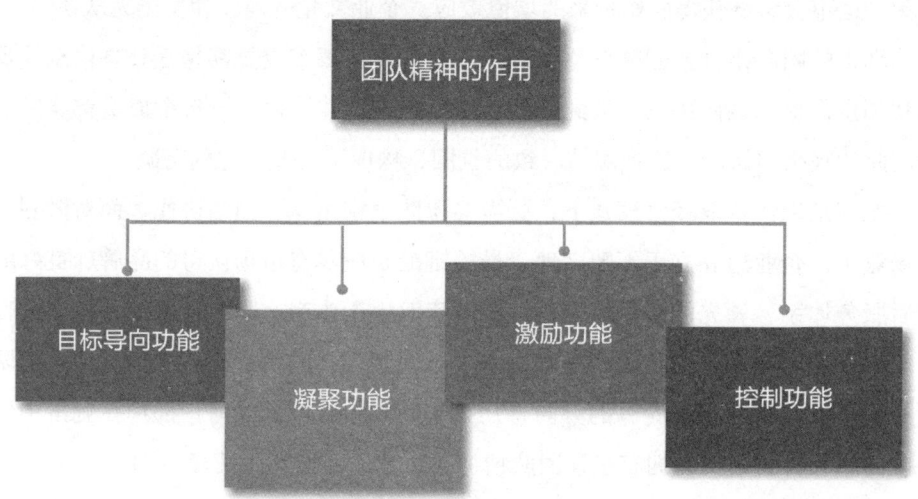

图1-1　团队精神的作用

团队精神的作用主要体现在如下几个方面。

1. 目标导向功能

团队精神让企业成员齐心协力、形成合力，朝着共同目标努力。团队想要达到的目标，即成员所努力的方向。企业整体的战略目标，通过团队分解，而不断形成各个小目标，在每个成员身上得到落实。

2. 凝聚功能

任何组织群体都需要凝聚力，企业也概莫能外。在传统管理体制下，企业通过组织内部层级化的行政指令，对成员进行管理，表面看提高效率，实际上则漠视了成员在个人情感和社会心理上的需求。

通过团队精神，企业能培养成员的群体意识，使成员在长期实践中，建构习惯、信仰、动机、兴趣等职业心理因素，以此沟通思想，形成共同使命感、归属感和认同感。只有这样，才能不断强化团队精神，再以凝聚力推动企业文化建设进程。

3. 激励功能

团队精神的形成和维系，必须依靠成员个体与集体的自觉性。通过鼓励成员之间的竞争行为，使团队精神进一步提升为成员的自觉性，实现激励功能。

团队精神带来的激励能量，并非单纯停留在物质层面，而是会得到团队成员的整体认可与重视。

4. 控制功能

企业想提升成员的工作业绩，除了激励与引导外，也离不开必要的控制。即便业已成熟的成员群体，其行为也是通过所在环境内部的观念引导、氛围影响，实现自我约束、规范、控制等行为。

在优秀的企业内，控制并不是自上而下的硬性力量，而是由硬性转向软性内化，由控制成员的行为转向影响其意识，由影响成员的短期意识转向对其价值观和长期目标的控制。这种基于强大团队精神上的控制，更具持久意义，更容易凝聚人心。

02
战斗力极强的铁军是企业发展的标配

在激烈的市场竞争中，企业团队管理者面对着巨大压力，原因在于创业成功率远不及普通人所想那么高。想要获得成功和发展，企业必须有战斗力极强的铁军团队。

不可或缺的团队战斗力

大海的澎湃源于吸纳百川，地球的壮美在于包容万物，企业前进的力量始于团队的众志成城。市场竞争犹如战争般激烈，仅靠一己之力就能打赢的个人英雄时代，早已成为过去。要想让企业获得生机，管理者不仅要自己拼命努力，还应组建具有强大战斗力的团队。

战斗力是什么？战斗力是浸润在成员骨子里的血性，作为企业文化而传承，变成渴望成功的基因。战斗力强的团队，越是面对困难危险的处境、强大无比的对手，就越是能发挥潜能、敢于拼搏。

企业如同漂浮于商海中的舰船，随时遇到惊涛骇浪和暗礁激流。管理者想带领团队冲出风浪抵达彼岸，必须将自己和成员变成命运共同体。这既离不开成员的努力，也需要管理者将所有人拧成一股绳，将优势最大化、风险最小化，确保以最快速度安全抵达港湾。

团队的战斗力是极为宝贵的，每个成员都时刻保持战斗力，才能充分发挥潜能，更紧密地围绕在管理者身边，相互积极沟通协作，为团队壮大和企业成长贡献力量。

同样，管理者才能的发挥也必须借助团队战斗力而提升。再优秀的管理者，也需要团队成员以激情和战斗力对其支撑。缺乏团队成员的战斗激情，管理者的规划将犹如无本之木、无源之水，难以带来任何实质帮助。

华为成立于1988年，是我国著名的民营企业。经历了时间考验，华为从最初仅有14名成员的企业，扩大到拥有数万名成员的大型跨国公司，成为令全世界同行和各国政府为之侧目的电信网络解决方案供应商，书写了国人经营企业的故事。

作为一家企业，华为的成长与发展之所以如此具有传奇性，令人惊叹不已，最重要的因素是其打造出具有充分战斗力的团队。

华为的企业团队经历过早期艰苦创业阶段，也面临过和竞争对手刺刀见红的战役，还曾被国际上无端打压报复……华为人凭借不屈不挠的团队战斗力，闯过难关，打下一片天地。

正因具备强大的战斗力，华为人面对客户曾经的不了解、不认可，凭借着锲而不舍的拼搏精神、坚定不移的信念，持续开拓新市场，用艰辛付出收获了回报。

强大的团队战斗力终究会换来丰厚的成绩。由于拥有一支支铁军团队,华为人用诚心努力,打响企业的品牌,让世界对中国产品和质量刮目相看。

拥有强大的团队战斗力,意味着团队在工作中全力以赴、毫无保留。这是一种由个体成就集体的高效率工作节奏和状态。只有不断培养战斗精神,才能让团队中的每个人最大限度地发挥潜能,展现解决问题的能力,最终使整个企业长远受益。

高战斗力的标准

企业需要怎样的高战斗力团队呢?如图1-2所示,为高战斗力团队的标准。

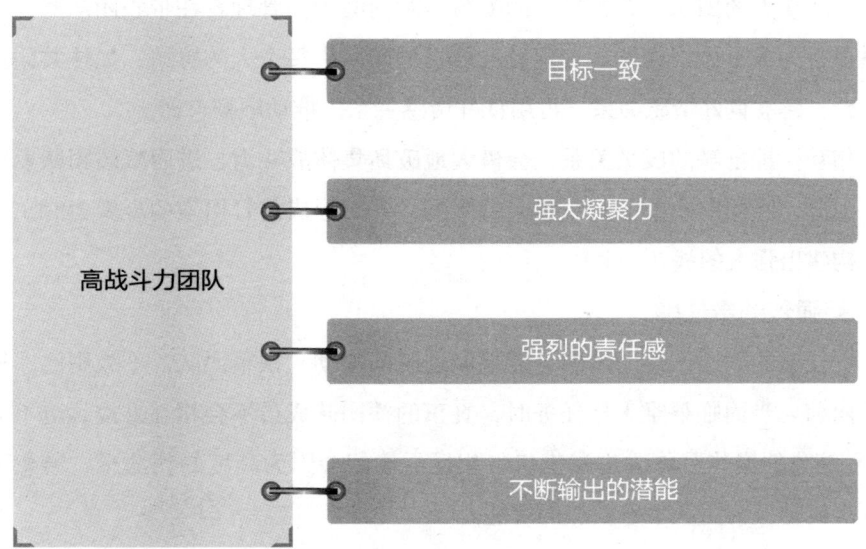

图1-2 高战斗力团队的标准

高战斗力团队的标准主要包括如下几个方面。

1. 目标一致

如果团队成员没有目标,就会缺乏思考和行动,不清楚如何做好工作,成为阻挡集体目标实现的人。同样,如果管理者不去为团队目标的实现做指引,就会成为失败的管理者。

当管理者和成员目标不统一时，思想就会涣散，再好的管理措施也无法得到执行，再强的个人能力也无法得以施展。

"目标一致"，并非简单的口号，而是团队建设过程中确保所有人不退缩、不迟疑的原则，是战斗力提升的最大保障。管理者想要让团队充满战斗力，就应该将整体战略目标充分解读剖析，随之落实到每个团队成员肩膀上，形成具体目标。在目标分解过程中，团队每个人应各司其职、共同努力，在合理协作基础上，确保集中精力于共同目标。

2. 强大凝聚力

凝聚力被越来越多的企业管理者关注重视。正如握紧拳头的力量，会比五根手指的力量要大很多——拳头将手部的力量全部凝聚在掌心。

高战斗力的团队，有其独特的凝聚力和向心力。管理者在带领团队时，要率先垂范，为成员做出榜样。管理者应珍惜与团队中每个人的感情，抓住共同工作的平台，建立良好情感关系，再用良好情感关系去推动顺畅合作。

相互拉扯抵触的成员关系，会极大地破坏集体战斗力，进而减缓团队发展步伐。因此，当团队内部的关系越来越顺畅，开始形成与日俱增的凝聚力时，团队也就构建出强大的战斗力基础。

3. 强烈的责任感

责任感能战胜人性的懦弱，能克制逃脱的冲动。铁军团队，不战则已，战则奋勇向前。当面临艰难工作任务时，真正的铁团队成员不会相互推诿，也不会用"这不是我的岗位"作为逃避借口。相反，他们会因为高度的使命感，愿意不断创造出机会，为团队争取成功的可能。

强烈的责任感，能帮助团队战胜困难。责任意识的价值，在于激发从个体到团队的生命潜力。当潜力爆发时，企业团队就不再只是"上班领薪"的就业场所，而是对人性中的善意加以发扬光大的平台。成员如果能身处这样的平台，就能战胜隐藏在其内心的懈怠与愚昧等负面因素，开启事业的上升之路。

管理者在打造团队时，不能忽视下属责任感的培养。否则，即便出现一两个业绩优秀的成员，也会因为对环境的不适应，责任意识淡薄，从杰出变得平庸，最终一事无成。管理者应教育成员随时尽到自己的责任，确保成员充分意识到，无论是为了个人生存还是企业发展，都必须有责任做好自己该做的事情，进而尝试完成更多的工作内容，实现集体的奋斗目标。

4. 不断输出的潜能

每个成员都有内在的工作动力和能力，即个人的内在潜能。当他们的潜能被充分开发出来后，团队成员就会变得与众不同。他们将变得积极乐观、精力充沛、思考深入、行为主动，而这些都是让团队战斗力迅速提升的必备要素。

管理者衡量团队战斗力的高低，不仅要看其中每个成员是否能独立完成工作，更要看他们在独立完成工作过程中，是否依靠自身就能不断焕发潜能，积极输出个人的独特价值。在日常管理和引导团队成员时，管理者也应以此为训练目标，帮助成员迅速成长和改变。

03
铁军团队是企业赢利的放大器

在商业竞争中，利润是维系企业生存发展的利器。追求合法合理的利润，是市场经济运行和发展的宗旨。在这一宗旨驱使下，企业如同开足马力高速运转的机器，其中每个团队都需要考虑如何抓住机会、提升产品研发质量、扩大营销宣传、积极开拓市场。每个团队的管理者都应该思考个人和下属的工作业绩与企业的赢利目标有多大距离。

铁军团队整合资源优势

企业拥有日渐壮大的铁军团队，思考与追求赢利的人也就越来越多。团队无疑将凭此成为人力资源整合的所在，凭借人力的增值，成为企业赢利的放大器。

日本京都大学进化生物研究小组曾进行过一项有趣的实验。实验组对3组分别由30只蚂蚁组成的蚁群活动，进行跟踪观察。观察结果发现，其中大部分蚂蚁能勤劳地寻找和搬运食物，但少数蚂蚁却总是无所事事、东游西荡。实验组将这些少数蚂蚁分类为"懒蚂蚁"。

为判断这些"懒蚂蚁"究竟是否能积极起来，实验观察人员断绝了整个蚁群的食物来源，并给"懒蚂蚁"做上标记。他们发现，"懒蚂蚁"很快勇敢地承担起侦察兵和向导的作用，带领蚁群发现新食物源头。

研究者最终认定，"懒蚂蚁"并不懒，它们只是在团队中承担着与众不同的任务。它们虽然没有像"勤劳的蚂蚁"那样搬运食物，但它们实际上将大部分时间花在侦察、发现和研究技能的提升上。因此，它们能在危险来临时，带领团队发现新食物。

只有"懒蚂蚁"，或者只有"勤劳蚂蚁"，蚁群都将灭亡。只有这两种角色的蚂蚁形成团队合作关系，实现优势互补，才能有效放大"利润"。

类似关系同样存在于大雁群体。大雁在飞行时排成V字形，V字形的一边比另一边要长，同时不断更换领队。为首的大雁负责在前面开路，帮助V字左右的大雁造成局部的空气流动薄弱区，减少大雁群飞行的阻力。经过科学家试验研究发现，成群的大雁以V字形飞行时，比一只大雁单独飞行，能多飞12%的距离。

如果普通蚂蚁和"懒蚂蚁"彼此不在同一团队中，或虽然身处同一集体，却未能形成应有的凝聚力，他们就难以通过合作带来食物。这足以说明铁军团队的重要价值。

动物团队如此，企业组织内部更是如此。想获得更高的利润业绩，必须懂得发挥不同类型成员的优势，使之以团队形式密切合作，实现一加一大于二的效果，在发展道路上走得更远。

企业需要能提供利益的成员，团队需要能参与创造价值的人，这是团队建设的核心所在，也是企业管理的重点工作。无论何种才华的成员，都应进入团队的熔炉，真正成为利润创造群体中的一分子。对于充分整合内部资源、承担放大利润责任的团队，管理者应加以重用，树为示范，并对其优秀的经验模式加以整合、复制和传播，以期企业内成长更多的强力团队。对尚未形成有效放大能力的团队，管理者则应着重关注，寻找问题所在，对其人员、资源、组织形式、管理体制等方面予以有效革新，使之尽快成熟。

个人无法持续放大利润

企业管理者应正确认识自己与团队的关系。管理者面对利润目标时，并不是孤独的。在对利润目标的追逐过程中，他们有下属的支援，有其他同事的合作，他们不是在管理岗位上孤零零地战斗。然而，在很多企业，类似事情经常发生。由于管理者缺乏必要的团队整合意识，也缺乏足够的号召力和影响力，往往导致团队成员宁愿得过且过，也不愿意和管理者一起为提高利润而贡献力量。

不少企业管理者由此会陷入孤军作战的情况。客户出现问题进行投诉，下属只知道把报告交上来。市场营销研讨会上，下属一言不发，低着头对笔记本发呆。新品推荐会上，只有管理者一个人在不断修改内容方向，下属只会按部就班根据流程行动，整个活动好像变成管理者的私事……管理者会为此郁闷不已。同样是在追求利润，为什么别人的团队上下一心，而我的团队只有自己在战斗，难道这就是管理者的宿命？

的确，我们经常看见管理者为了提高利润，像全能战士一样疲于奔命。他们日夜操心利润与业绩，为调整琐碎的工作细节亲自操心，对固定的流程步骤反复检查……当管理者如此事必躬亲的时候，团队其他人可能根本就没有动脑或出力。而即便管理者能力出众，他们个人对利润的放大能力也终将是有限的。

为什么管理者试图用一己之力来放大利润？归根结底，这种情形是管理者的自我定位失当带来的。

许多企业中，团队管理者在职业生涯中都曾扮演重要的成员角色，养成了强大的执行能力，敏锐的学习意识。他们通过这些宝贵的职业优势，获得了职位提升。不少管理者误认为自己必将一直依靠这些优势，获取更大进步，即使带领团队，也无须有所改变。

于是，为了让利润业绩有所提高，出现了亲自操作细节的管理者，出现了认为下属做不好干脆自己做的管理者。他们总是履行本不应由自己具体负责的工作义务，甚至觉得这才是身先士卒。

然而，管理的真谛并非如此，追求利润的路径也难以这样走通。

管理者并非一线成员。他们确实应了解业务细节，了解操作技术，但他们的职责，绝不是利用这些个人能力来直接提升利润。他们更需要做的，是从战略上分解任务目标，从整体带动团队，将工作经验传递给下属，以缔造更高效的集体，吸引更优秀的下属。

管理者的确应追求利润，但他们是统率者。他们应将利润目标加以分配，指引成员的成长道路，提供相应的工作资源。他们需建立团队内部一致的观点，与成员共同努力放大利润，而不是孤身一人去冲锋陷阵。总之，管理者应清楚自己的定位，才能更好地带领整个团队为利润战斗。

团队放大利润的途径

在放大利润过程中，团队的重要优势在于其合作力量。当团队共同面对问题时，内部会产生不同的观点和解释，再加上每个人的基础经验不同、掌握的信息数量不同，就更容易合力创造完善的解决方案，克服利润的瓶颈。

通过铁军团队的合作，能创造更多利润，这一过程主要由以下几点予以突出体现。

1. 团队多功能化

通过团队内部不同成员的竞争，团队能整合每个成员的专业技能和经验，让团队组成变得更加多元，实现强有力的协同效应。

2. 外部化

通过团队合作程度的紧密化，通过对外的不同"窗口"，了解到企业外部供应商、行业下游或竞争者的运行特点，并找出在与这些外部力量合作过程中的重点和难点问题，形成具有针对性的方案。

3. 领导力

在铁军团队的影响与反馈下，管理者的领导力将获得长远成长。他们会更善于接受新观点、更具备洞悉力，在和成员、上级、顾问、供应商、客户和竞争对手的对话沟通中，管理者能更快地发现提升利润的优选方案，在追求并实现利润目标方面，他们也会更为老练。

4. 分权与授权

管理者权力过度集中或分散，都会对企业利润提升造成影响。身处铁军团队中，管理者就能因为良好的组织环境和工作氛围，更适当地分配和授予权力。同时，高战斗力的团队成员在充分运用授予其的职权时，也能更好地发挥潜能。

在铁军团队中，管理者利用分权，能更好地引导团队成员知道自己需要做什么，并可以运用自己的方式完成。这样，管理者能集中精力在自己最擅长的领域，做团队其他成员无法完成的事，其他的任务则加以科学分派。这样，团队放大利润的途径会更加丰富立体。

授权也是使团队提升利润的有效程序。铁军团队中，管理者能向团队成员提供其完成工作所需的信息，并进行频繁沟通，围绕预期结果提供精准指导。团队成员也会将授权本身看作激励，在授权方式下，清楚自己和同事的责任关系。

通过铁军团队内的分权和授权，企业的权责分配会比竞争对手体现出更高效率，为抢占利润高地贡献力量。

5. 培训

任何一个成员获取利润的业务能力，都不可能是与生俱来的，而是来自管理者的引导和团队环境的影响。培训不仅对个体成员的能力成长有非常重要的作用，对团队本身成长也有重要价值。例如，团队对成员的培训和选拔，同时也能提高团队的组织和应变能力，提升团队运营的质量和效率。

团队通过对成员的不断培训，可以使自身保持整体而持久的利润，获取优势，在竞争中领先。身处铁军团队，不仅能让成员明确利润获取的新技术和方法，还能及时帮助他们确定个人成长的目标，减少投入的浪费，提高工作效率。整个团队会更深刻地领悟理解企业的经营战略目标和方针，在认识上目标一致，在行为上统一有序，有利于团队提高赢利效率。

6. 思维提升

铁军团队的价值不仅在于其执行力，更在于每个成员主动负责的工作态度。

在这样的态度下，每个成员的观点都会受到充分尊重，并得以与他人的观点交互作用。

在由系统革新驱动的团队环境下，不同观点碰撞的火花，能产生个人、集体和环境因素之间的相互作用，这有助于建立企业竞争的多功能优势，开阔企业管理者在复杂竞争环境下的视野，并积极开发目标竞争方案。

团队成员都是普通人，他们有的性格暴躁，有的胆小怕事，有的爱占小便宜，有的喜欢出风头却欠缺能力，但管理者不能因为他们的性格缺点而放弃对他们能力的开发，更不能因此将他们看成可有可无的竞争要素。事实上，回避他们的缺点，综合他们的优点，管理者才有机会将他们组成强大团队，更持久地放大利润。

利润追求无止境。学会整合团队的力量，让更多的成员为己所用，这才是真正优秀的管理者。

04
给你一个团队，你该怎么打造

成功打造团队，需要技巧和时间。即便你是优秀的教练，也不可能在短短一两周就打造出优秀团队。任何期望能拥有强大团队的人，都必须学习打造铁军的必备素质。

下面这些素质，在打造团队的实践中必不可少。

让目标变得清晰

有了清晰目标，团队就有了明确的奋斗方向，并获得前进的动力。

怎样的目标才能算清晰？可以用 SMART 原则进行判断。清晰目标必须满足五大要素，如图 1-3 所示。

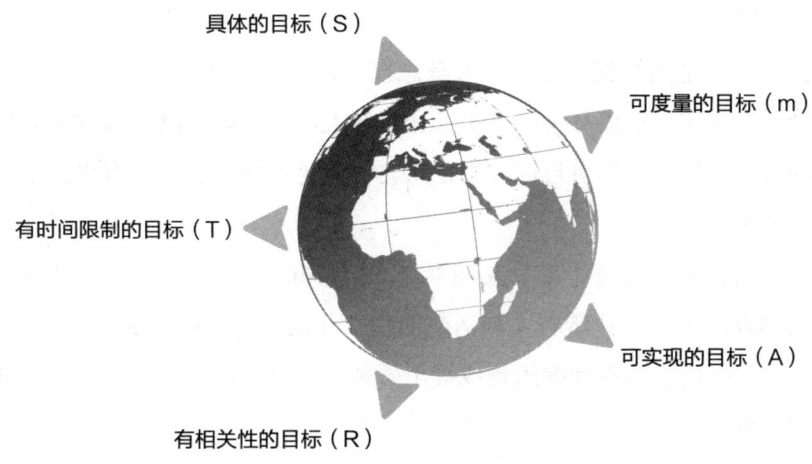

图 1-3　清晰目标的五大要素

清晰目标的五大要素中，分别指出了明晰目标的具体特点。其中，S 代表具体的（Specific），指目标应具体而不能笼统；M 代表可度量的（Measurable），指目标可以量化成为具体数字；A 代表可实现的（Attainable），指目标是在付出努力情况下能够实现的，避免其过高或过低的可能性；R 代表相关的（Relevant），指目标和其他目标相互关联，或与企业整体的现实情况相关，而不能脱离实际；T 代表有时限的，指目标应有时间限制，必须在规定的期限内完成。

团队目标除了符合上述五点基本要素，还必须满足以下四点要求。

1. 清晰明确

想要打造铁军团队，就应让团队目标始终清晰明确，让所有人一看就知道应该做什么事、达到什么效果，从而积极地行动。

2. 实事求是

目标脱离现实，也就缺乏指导意义。管理者在打造团队时，必须了解团队成员实际水平，不能设立过高或过低目标，导致失去激励的意义。当团队完成具备适当挑战性的目标后，成员将为此感到自豪，并更能积极地投入工作，激发团队的凝聚力和战斗力。

3. 达成共识

目标不应该是团队领导凭借个人意志盲目指定，必须和团队成员达成共识。为此，管理者应该鼓励成员参与进来，让所有人都为目标的设定而贡献力量。这样能激励成员，提高他们对目标的责任感，也避免了管理者的想当然，导致目标和实际情况不相符合。

如果团队较大，无法让每个人都参与制定目标。管理者也应在目标形成后，将目标内容及时公布，让所有人都清楚明白，并接受来自团队成员的反馈意见。如果有人对目标内容存在理解困难或提出质疑，管理者也应耐心解释，并进一步倾听他们的想法。

4. 有效分解

想让团队目标得以实现，管理者应在开始执行之前，对目标进行分解。先分解到团队内各个小组，再分解到每个团队成员。通过目标的分解，能化难为易，降低目标的实现难度。

例如，某企业销售团队的年度销售目标为3000万元。销售部经理接到这一任务后，开始对目标进行分解。分解结果为销售经理本人负责完成30%的销售任务，即900万元。7名销售成员，负责完成其余2100万元销售额，每人完成300万元的销售额。其中A组4名成员，小组任务为1200万元。B组3名成员，小组任务为900万元。销售经理又进一步指导各销售员，将每人手中300万元的销售任务，细化分解到一年中的12个月，确保每个人清楚各月销售目标，了解每个月应完成多少销售额，有利于在期限内完成。

指标量化

团队的工作水平如不能精准衡量，就无法打造成为铁军。因为当衡量标准模糊不清时，成员将无法知道自己需要做出怎样的结果。

例如，某部门经理安排成员设计某次活动方案，但没有给出量化指标。成员很可能出现以下工作结果。

成员不清楚多长时间完成任务，活动方案迟迟无法完成。很可能需要1天内完成，但他却花了3天时间。

成员不清楚活动方案应写多少字，导致原本1500字即可清楚表达的策划内容，他却写了3000字。

成员不清楚活动方案包括哪几项准备工作，导致方案中缺漏了相关的事项。

如果上述情况不断在团队中发生，管理者很可能对成员感到失望，团队成长也将无从谈起。但实际上，问题发生在团队管理者身上。由于安排工作时没有具体量化的工作任务，造成了成员执行不到位。

相反，给出量化指标，管理者才能实现对团队执行效果的掌控，确保执行有条不紊地进行。

作为优秀的餐饮品牌，海底捞素来以其团队执行力的强大闻名。这一铁军团队的打造根基，在于可量化的工作任务描述。在海底捞，每个岗位成员需要做什么、做到何种程度，都有明确的职责衡量标准。

例如，海底捞发毛巾的人员，就有7项岗位职责如下。

1. 给客人发毛巾时要面带微笑，热情大方，保证热毛巾的用量和质量（温度80℃）。

2. 顾客到桌后2分钟内递给热毛巾，并称呼先生、女士，发毛巾要分清主次，动作要规范。

3. 每桌每位顾客换毛巾次数不低于4次，顾客无特殊要求不得高于6次，无需要不必勉强。

4. 满足顾客的合理要求。

5. 顾客从身边走过时，一定要让路并且打招呼。

6. 对突发事件的应急处理，如打破餐具、客人呕吐等。

7. 按时准备好所有的原材料和用具。

其他如保洁人员、传菜员、送饮料汤水人员、收台人员等，都根据各自具体岗位分工，有着不同的量化指标。

正因建立了缜密、科学、严格的量化任务指标，海底捞才使团队中的每个成员都清楚应如何开展工作，应达成怎样的状态。通过将量化指标运用到考核中，海底捞确保所有团队成员都受到同等的激励，形成积极的工作氛围。

从海底捞的案例中可见，量化指标是团队执行的标准，也是打造团队行为的规范。有了正确标准和规范，成员在执行任务和追求目标时，才会与团队整体追求结果相一致。量化指标是铁军团队执行过程的有力保障，也是通过考核评估来优化团队执行水准的依据，更是管理者对团队执行方向的有效掌控。

管理者通过量化指标，打造铁军团队，可以有多种方法。其中主要包括以下两种。

1. 时间量化

时间量化，即给出具体的时间限制。管理者在给成员布置工作时，应给出完成工作的限定时间。例如，限制某个单项工作的起始时间，或者限定成员在某个时间段的具体工作内容等。

2. 质量量化

质量量化，即规定具体的质量要求。团队在规定的时间内执行完成并非目标，而是需要切实的执行效果。这需要对质量加以量化。团队管理者在对下属安排工作时，需要对工作质量给出具体要求。

质量量化的方法，主要有如下几种。

（1）抽样量化检查。如果无法对某一项工作的所有内容进行质量评估，可以通过抽样检查其中个别工作结果质量，来整体评估所有工作内容的质量。例如，客服团队每天都要进行大批量的客户服务，团队管理者无法围绕每一件投诉的质量进行跟踪检查，但可以通过运用技术设备，抽查客服团队成员的服务质量，就客户满意程度来进行量化检查。

（2）误差检查。很多岗位工作不允许误差发生，一旦发生误差，意味着执行的质量不达标。例如，某岗位生产的产品合格率未能通过质检，可以看作执行质量出现问题。

（3）特殊奖励。与质量问题相对的是特殊奖励。例如某服务成员在工作期间，得到了客户的电话或书面表扬，即可以视为其工作质量优秀。

（4）满意度测评。团队运营实践中，很多工作难以用精准、客观的量化指标去评估，管理者可利用满意度来描述成员的执行质量。例如，企业的后勤团队工作执行情况，可通过企业全体人员的满意度调查来体现。

人才挑选、培育和巩固

企业之间的竞争，归根结底是人才竞争。整体来看，大部分企业获得的人力资源的能力水平都是近似的，只有重视培育和巩固人才队伍，团队发展才会稳如磐石。因此，企业管理者必须努力做好选人、用人、育人、留人四个环节的工作，才能打造铁军团队。

1. 选人

选人是打造团队的最基础工作。创建优秀团队的第一步，永远都应着眼于选人。

选拔团队成员，需要正确观念和指导思想。

（1）正确观念。除了少数行业头部的企业外，大多数普通团队不应将学历、资历、年龄作为选人的必然门槛，也没有必要建立太多的"硬性标准"，只有适当降低挑选的门槛，才能选到更多适合的成员。

选拔人才时，团队很可能遇到选"优秀"者，还是"适合"者的问题。不成熟的管理者往往片面追求"优秀"员工，而忽略了他们究竟是否"合适"。

大多数情况下，团队都应选择更适合现有阶段特点的人才作为成员，而并非那些看起来最好的人。

（2）指导思想。选人应秉承耐心、细致和严格的指导思想。团队管理者在招聘人才时，必须耐心细致，严格遵循选拔的流程程序，避免盲目追求数量而忽视质量。

2. 用人

选拔优秀成员后，团队管理者应学会用人。只有将人才用好，被选拔者的价值才能得到有效发挥。

在用人过程中，管理者应注重以下几点。

（1）用人之长。管理者不应草率断定某一成员一无是处，而是应多和团队中不同人员接触，关注其中每个人的特点，了解其特长。此外，还应适当了解成员的性格、脾气、秉性、习惯等，便于为不同人才安排最能发挥其特长的工作角色。

（2）避免吹毛求疵。在用人过程中，应尽量关注大的方面，不在细节上吹毛求疵。例如，关注成员的能力、经验、责任感、人品，而不在无关紧要的小事上过多纠结。

（3）充分信任。"用人不疑、疑人不用"，当团队管理者信任成员，才会大胆授权，将工作交给他们，充分发挥他们的价值。同时，团队管理者也能获得时间和精力上的解放，做好自己的本职工作。

3. 育人

培育人才能提升团队整体能力，也能有效留人。团队管理者应重视人才培育工作，不断提升人才能力，从而为企业创造更大价值。

（1）培训育人。团队应从实际需要和人员水平出发，有的放矢进行培训。通过组织培训，提高成员的能力水平和自身价值。为此，管理者在确定培训内容时，应在团队成员内进行调查，了解成员期待获得哪方面的培训。还应结合团队发展需要，客观评价团队成员当前在哪方面存在能力欠缺。

（2）教练育人。成熟的团队管理者，应主动担任团队成员的教练。当成员发现并询问问题时，管理者应多进行启发引导，激发他们的思考力，再监督和帮助他们找到准确的工作方法。管理者应以"带"而不是单纯"教"的方法，不断影响团队成员，使他们主动发现更多新的思考视角、积累新的经验，并以此提升整体工作能力。

（3）适当宽容。在团队教练过程中，管理者应保持适当耐心，要允许成员适当犯错，启发他们从错误中学习。

4. 留人

团队吸引和培育优秀人才加入团队，只能看作成功的开始。如果无法留住他们，优秀人才就会成为企业的匆匆过客，难以保证团队得到长远发展。

想留住人才，团队应注重运用以下方法。

（1）待遇留人。吸引和留住优秀成员的基础条件，是薪资待遇。在团队中能力强、贡献大的人，理应获得更多收入。尽管提高薪资收入不是留住人才的唯一方法，但团队必须设立对应的绩效奖励措施，推行公平合理的薪资制度，鼓励优秀人才创造好的业绩，并得到与业绩相匹配的待遇。

（2）事业留人。团队管理者能不断用企业的愿景和目标去激励人才的使命感、责任心，让他们将团队的工作当成自己的事业。同时，团队管理者应帮助成员做好职业生涯规划，为他们提供发展平台，使他们和企业共同成长。

（3）职务留人。业绩表现良好的成员，总希望能在职位上获得晋升。例如团队中的业务成员希望成为主管，主管则希望成为经理。团队管理者应利用这一人性特点，根据成员现有能力和业绩表现，为他们适时升职。

团队内的职务毕竟是有限的，对于暂时不能给予职务提拔的成员，还可设立荣誉，对其给予认可，以便鼓舞士气、留住人心。

（4）情感留人。管理者在带领团队过程中，想要留住成员，就应该从情感上关心。例如，主动和他们交流思想、了解困难、解决烦恼、化解压力等，将企业文化落到实处，用真情挽留人才。

05
重新认识和打造你的团队

给你一个团队，你该怎么打造？是按部就班地组织培训，还是耳提面命地提醒细节，抑或不闻不问放任自流？这些方法其实都并非打造团队的正确途径。如果不能针对性地重新认识团队特点、破解团队组建的障碍，团队管理者就会越来越累。

团队管理者的困境

小柳是铁军团队课程的学员，在参加培训前两个月，他刚升任为公司策划部门的主管。小柳刚参加培训时，情绪并不饱满，他告诉课程讲师："当部门主管，感觉真是吃力不讨好。"原来，在管理实践中他发现，所谓的带团队，并不是自己原来以为的那样，只需要发布命令、部署任务、监督过程、检查结果，再加上签字、开会就行了，而是相当"艰苦"。

首先，这个部门原本出现过问题，成员们之间有比较大的隔阂，每个人都希望少承担责任，在分配具体任务的时候，不少人都以各种理由进行推脱。

其次，部门成员对工作任务也不太积极，大家都是等着作为主管的小柳来安排工作。只要完成了手上的事情，他们就找机会闲聊、玩手机、浏览网页，并美其名曰在寻找灵感。

由于不得不花费更多时间和团队成员沟通并协助解决问题，小柳几乎没有时间来整合团队的工作资源，共同完成目标。以至于相比之前做好自己的事即可，小柳发现主管的岗位反而难出成绩。对此，他倍感压力，总担心上司质疑自己的工作态度。

小柳的困境，代表了不少参加铁军课程班学员的遭遇。他们很可能曾经是优秀团队成员，但并不一定马上就能成为优秀的团队管理者。

在20年前甚至10年前，打造团队并没有今天复杂。社会化大生产时代中，制造业为代表的团队中，管理者只要确保生产线工人能按统一标准，制造出合格产品，就宣告团队运行成功。然而，当今社会与企业的大背景，已与当时不可同日而语。在智能经济时代，消费者对于产品或服务的需求，越来越呈现出多样化和个性化的特征。千人一面的普通产品和服务正在被市场抛弃，消费者希望自己获得的是独一无二的体验。为满足消费者个性化的需求，企业不得不绞尽脑汁，提升产品或服务的质量和效率，塑造品牌的专业度，以此博得消费者的忠诚。为了做到这些，管理者必须付出比以往更多的心血去带团队，使企业的运营水平和绩效位居前列。

当管理者面对一个团队时，首先面临的并不是一群必然服从你的下属，而很可能是一堆潜在的难题和麻烦。同样，团队成员带来这些问题，并非出于故意，其中很大部分可能来自客观环境。但是，如果管理者对此不加以重视，距离打造铁军团队的目标就会遥遥无期。

认识成员的新特征

打造铁军团队，必须认识到团队成员的新特征。

今天，"95后""00"后的时代已然到来。虽然绝大多数年轻人所掌握的技术、经验和话语权并不算多，但管理者必须承认，团队的高效运转无法离开这些年轻人。这些年轻员工拥有知识丰富、精力充沛，不乏创意和挑战思维，但与以前相比，他们绝不是一群"乖孩子"！

曾经有一位企业老板在铁军课程班讨论中说道："现在的年轻人不可思议，都不知道他们会因为什么原因就能辞职了。"另一位部门主管说自己深有同感，说曾经有位客服因为和男朋友吵架，就决定离职了。还有位年轻成员说，自己想要离职，因为感觉工作不快乐，但他想要什么样的快乐，自己也说不清。

很多团队管理者对此种现象并不陌生。他们感到，企业想要像过去那样，稳定地留住成员，已经变得越来越难。即便是那些薪资福利看起来不错的企业，离职率也在变高。打造一个稳定的团队都不容易，遑论将之打造为铁军团队？

其实，管理者无须对目前情形感到惊讶。从社会文化来看，那种提倡为一家企业奉献一生的时代早已过去。新时代下，人们面对择业，思想更自由、行为更开放，年轻成员的价值观发生变化。他们笃信，"忠诚"就是在某个团队里待一天，就要全心全意为团队贡献一天力量，但是，"忠诚"并不是在这个团队中待一辈子。

另外，年轻成员还有着知识化、信息化、流动化、个性化等特点。他们既追求优秀的工作成绩，又崇尚"工作是工作，生活是生活"。他们既希望被组织接纳欣赏，被周围人看重需要，同时又渴望能充分表达自我个性，能保护自己和家人的利益。他们有时会通过开玩笑般的"佛系"语言来自我化解压力，但有时又能充分感受到激励力量而集体奋斗……今天的团队成员有着不同的个人追求，他们更注重工作本身带来的乐趣，他们工作的目的是享受工作，想要将他们打造为铁军团队，管理者必须采用更为适合的方法。

营造良好氛围

在正确认识团队基础上,管理者应该根据成员个体和集体的特点,重视营造良好的团队氛围。

良好团队氛围,首先要有充分的竞争意识。竞争,看似会给成员带去压力,但其实更有利于促进成员提高能力。适当的竞争压力,能有效刺激成员动力,使整个团队保持活力、提高业绩。

管理者应怎样营造正确的竞争氛围呢?

1. 适当淘汰和晋升

团队应坚持"能者上,不能者走"的用人风格,在确保考核公平公正基础上,定期将最差的成员加以淘汰。这样就能给成员制造竞争压力,促使团队不断进步。

适当淘汰,并不会制造出团队残酷无情的文化。因为工作考核评估不仅是用于淘汰人员,更是晋升人才的依据,也是团队挖掘人才潜能的有效手段。

2. 小组为单位的竞争机制

在规模较大的团队里,还可以将成员细分为相对独立的小组。没有任何小组愿意比其他小组差。因此,开展以小组为单位的竞争,能有效激发各个小组组内的战斗力。

3. 鼓励合作

营造竞争氛围,也离不开合作的重要性。在团队中,如果成员彼此之间只有竞争没有合作,团队就会变成一盘散沙各自为战,失去凝聚力和战斗力。因此,竞争与合作理应并存。

在鼓励团队内竞争同时,管理者也应该鼓励合作。对于那些在团队中合作能力强、合作表现好的成员,应予以相应的奖励。

高效能团队

第二章

根深才枝叶茂，如何打造铁班底

没有铁班底，就没有铁团队。团队的基础在于班底，组建铁班底，将能统一团队思想、明确指定目标、稳固个人定位、提升认知境界，进而促进成员的整体成长。选择正确人选构建铁班底，优秀人才的价值就能得到最大限度的发挥，管理者有效掌控铁团队，将变得游刃有余。

01
铁班底的六大关键要素

传统团队管理观念认为，团队管理者，就是站在团队最前面、带领所有人前进的那一个人。而铁班底的团队建设思想，是对这种观念的直接挑战。想了解铁班底构成的关键要素，必须首先明确铁班底的重要价值。

纵观中外历史，在竞争中获取最终胜利的团队，其成功并非依靠某一个管理者的个人力量，而是通过管理者建立铁班底后，再通过授权，发挥集体领导力量，实现完美组合。

铁班底的价值

楚汉之争中，刘邦带领汉军取得胜利，关键依靠的并不是个人力量，而在于建立了张良、萧何、韩信的三人铁班底。刘邦清楚自己在能力上的不足之处，将每项工作都交给比自己更擅长的下属去打理，而自己则给予他们充分的支持和信任，从而形成了铁班底。在铁班底中，这些人各有所专、各司其职，发挥了巨大作用。

谋士张良，是刘邦重要谋臣。在辅助刘邦成就大业的整个过程中，张良贡献了许多计谋策略，刘邦因此说："夫运筹帷幄之中，决胜于千里之外，吾不如子房"。

相国萧何，面对刘邦不安于被项羽限制在关中的态度，冷静分析当时形势，劝他不能逞一时意气，而应休养生息、广招人才、准备实力，再徐图东进。在韩信即将逃亡时，萧何又主动亲自追回，并力劝刘邦拜韩信为大将，从而为刘邦建立铁班底奠定基础。

韩信则属于铁班底中的军事天才。他带领汉军不断逆转战场形势，将原本弱小的团队潜能发挥到极致，并最终在垓下以十面埋伏，将不可一世的项羽彻底击败。

可以说，没有铁班底的帮助，刘邦很难冲出汉中打败项羽，开启大汉王朝。对于铁班底的作用，刘邦也心知肚明，在取得天下后，他历数自己不如张、萧、韩的地方，并表明正因如此才能放心地将各项工作交给他们管理。

当代成功的企业团队中，绝大多数也建立了创始人自己的铁班底。无论是马云创业时的"18罗汉"，还是雷军建立的小米创始团队，或还是马化腾身边以张小龙等人为代表的腾讯高管团队，都是以真正交互的模式，将团队的领导管理权力从一人专有转化为多人共享，从而重新定义了铁军团队的管理乃至运行模式。

铁班底的作用价值高，组成难度大，任何一家企业都对铁班底成员求贤若渴。几乎每个管理者都在热切盼望能发现专注、敬业、忠诚的高能力下属，构成团队的铁班底，但做到这一点其实并不容易。铁班底的持续"缺人"状态，同样也证明其价值的无法取代。

想打造团队的铁班底又并不容易。团队成员来自不同背景，有不同的经历，其能力特长、目标追求、价值观、兴趣方向、彼此信任度不可能完全一致，这为管理者识别和挑选铁班底队伍，增加了难度。团队管理者必须经过不断的识别、筛选，才能选中组成铁班底的后备人选，随后进行考察、实践、试用、培养，方可正式形成围绕在自己身边的铁班底。

打造铁班底固有其难度，但不至于无法逾越。绝大多数团队无法顺利打造稳定发挥作用的铁班底，主要原因在于未能真正开发出每个成员的潜能，未能激励他们对成为铁班底成员的职业追求。其实，每个成员都有可能进入铁班底，为团队贡献力量。而其重要基础，在于管理者理解形成铁班底的关键要素。

形成铁班底的六大关键要素

何为铁班底？回答这一问题，必须把握铁班底得以形成的六大关键要素。铁班底的六大关键要素，如图 2-1 所示。

第二章　根深才枝叶茂，如何打造铁班底

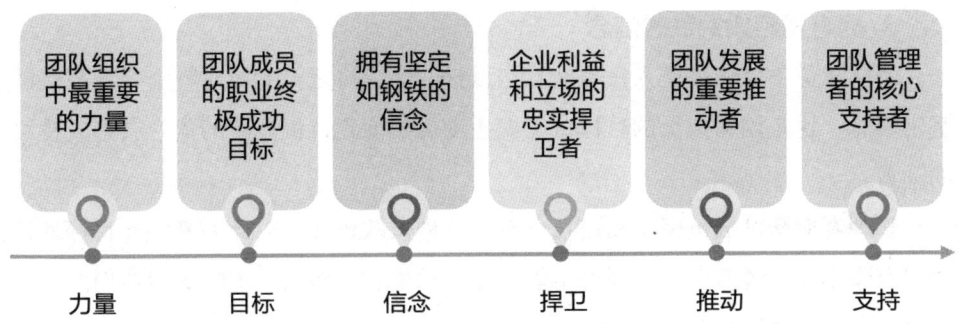

图 2-1　铁班底的六大关键要素

铁班底的六大关键要素，可概括为如下几个部分。

1. 团队组织中最重要的力量

团队内可以有成百上千名成员，可以将之分为外围成员、基础成员、核心成员，也可以分为年轻成员、资深成员和创始成员，还可以根据不同的工作业绩、用人成本等特点进行区分。但在团队组织中，最重要的力量永远只有一群人，他们既是团队发展的原动力，也是团队发展中分享受益最大的成员，更是团队中价值最高的人。

为此，管理者必须善于向成员宣传铁班底成员的与众不同，彰显他们的重要性。通过日常灌输、工作沟通和团队文化，让所有成员羡慕现有的铁班底成员，更要让他们期待自己能成为这样的力量。如果管理者能通过上述方法，充分凸显铁班底的核心地位，抬高他们的威望、放大他们的价值，其他成员就会更为推崇铁班底的价值，并油然向往加入他们的队伍。

2. 团队成员的职业终极成功目标

进入团队之初，成员会有各种各样的职业成功目标。有人将之定位于财务收入，有人将之定位为家庭生活，还有人将之定位为职务职位……对于团队管理者而言，必须引导成员将"进入铁班底"树立为职业终极成功目标。

只有成员真正意识到铁班底是团队内最重要的人、能获得最大收益时，他们才会将自己做的每一件事，与是否能进入铁班底联系起来。他们才会用铁班底成员的标准，来衡量自己所取得的每一次进步。当整个团队的成员都有如此积极的意识，他们的工作执行效果也会发生质的飞跃。

3. 拥有坚定如钢铁的信念

团队成员不仅应将进入铁班底看作目标，还应将之放大为对整个企业战略的坚定信念。这是因为成员的目标可能发生动摇和变化，但坚定的信念会形成持续的动力。

管理者应帮助成员坚定相信自己有资格进入铁班底，以此使其职业目标发挥其应有作用。管理者不能忽视每个能强化成员信念的机会，不断巩固他们的内心愿望，才能使他们拥有坚定信心。

4. 企业利益和立场的忠实捍卫者

在组建铁班底过程中，管理者应积极发现那些忠实捍卫企业利益和立场的成员。一方面，捍卫企业利益和立场，是每个合格成员应尽的义务，只有完美履行义务的成员，才可能有资格进入铁班底。另一方面，在所有捍卫企业利益和立场的成员中，只有最忠实的人，才有资格成为团队管理者最信任的成员，并接受铁班底标准的挑选和培养。

捍卫企业利益和立场，不仅是铁班底对其中成员的筛选条件，更是对成员目标的强化、信念的发扬过程。当成员进入铁班底后，其个人利益与组织利益将进一步绑定，其立场也同企业立场更为一致，整个铁班底对企业利益和立场的维持力度，将使他们成为团队中的最佳核心。

5. 团队发展的重要推动者

铁班底理是团队发展的重要推动者。其中"推动"，包括两层含义。

（1）品格。品格的力量往往大于权威。铁班底的成员必须有优良品格，能在班底运行中考虑全面、顾全大局、善于服务，而不是在工作中争夺私利、存有私心、留有私路。铁班底成员只有具备了良好品格，才能甘当绿叶，凸显团队管理者作为班底核心成员的地位。

（2）能力。班底成员必须拥有比普通成员更高的能力，他们应既擅长冲锋陷阵，也能独当一面。他们既能完成职责范围之内的事情，又能随时相互合作、弥补疏漏。

拥有这样的特质，铁班底成员即可为企业发展推波助澜，在关键时刻发挥重要作用。

6. 团队管理者的核心支持者

如何判断企业团队内是否有了铁班底？答案是，观察班底成员是否为团队管理者的核心支持成员。铁班底必须主动树立团队管理者的核心位置，才能让铁班底的价值得以充分发挥。

团队在吸纳班底成员时，应考虑两个条件。

（1）班底成员是否充分信任管理者。

（2）班底成员是否真正佩服他们。

如果他们做不到完全信任和佩服，就很难对团队管理者给以真正的支持。相反，有了信服，也就会表现出格外的遵从。遵从意味着尊重、信服。这样的铁班底，会不折不扣执行团队的命令安排，凸显管理者的核心角色。这是铁班底构建原则的重要基础，一旦违背，就会影响整个团队的执行水平和管理效率。

铁班底成员对管理者核心地位的支持力，将能有效形成团队集体的核心竞争力。无论对于何种组织的创始人、何种企业团队的带头人而言，拥有了这样的竞争力，都会产生强大的影响力。这样，整个团队在面对竞争对手时，也都会拥有更强的战斗力。

02
统一铁班底思想才无往而不胜

不少企业管理者认为，公司作为商业化组织，其目的在于盈利。因此，资金、业务范畴、人才储备、商业模式、市场机遇等，都是团队竞争取胜过程中最具决定意义的因素。确实，有很多团队在成长过程中，由于重视和利用了这些因素，获得了有效的成功。然而，如果想要让团队成长为战无不胜的铁军，甚至仅仅是想要让团队活得更久，这些因素都应退居次要位置。排在第一位的，应该是团队铁班底的思想认识水平。

构建铁班底的基础，是统一的思想理念。任何一个企业团队，都有组成成员，也有中层干部，但这并不代表团队必然有铁班底。真正有铁班底的团队，无论成员还是干部,都会主动在思想上向管理者靠拢。工作中,他们会以管理者的目标为自己的目标,会将团队的意志为自己的意志,以企业的战略为工作的意义。他们会以团队荣为自己荣,以团队衰为自己衰,努力跟随管理者,推动团队和企业的发展。

当团队有了在思想上完美统一的班底,才能构筑出确保团队立于不败之地的无敌铁班底。

思想统一的重要性

思想是行动的纲领,只有思想统一,才能建立铁班底。当团队管理者和铁班底思想统一后,管理者与铁班底在行动方向和内容上将融为一体,铁班底代表了管理者,管理者也代表了铁班底。相反,如果双方思想不统一,铁班底的行动就难以表明管理者意图,管理者也无法完全信任和支持铁班底。

如果未能意识到统一铁班底思想的重要性,团队管理者就会感觉团队内只有他自己在面对压力,而其他人看起来都是"当一天和尚撞一天钟"的样子,心中并没有组织的未来。面对外部激烈的市场竞争,管理者明明提出了团队战略目标,但团队成员似乎还是在"不紧不慢"地工作,并未因此而感到压迫。管理者一再重申自己的各种想法,但团队成员非但没有弄清楚未来目标,反而涌现出了很多不同声音……

出现类似情况,会让团队管理者感到焦虑。但这仅仅是团队成员的责任吗?如果去了解他们的真实想法,就会听见类似的回应。

"上司的想法跳跃性太强,每次开会就冒出新想法。"

"上一个想法还没有落实,下一个想法就出来了,我们有些应接不暇。"

"不同场合,团队管理者提出的目标愿景都不一样。我们不明白团队未来之路应该怎么走。"

"上司说的,很多都是形而上学的东西,我听不懂也没办法参与,那就做好我的本职工作吧……"

这些现象，其实是企业团队内普遍存在的问题。团队管理者有很多想法，但却没有意识到统一思想必须源于精准表达。如果团队成员听到的总是跳跃性、碎片化的思想，就会始终陷入"雾里看花"的状态，最终变成不予理会。这样的情况不断往复出现，就会形成恶性循环，导致矛盾越来越大，管理者和班底的工作方向无法统一，致使团队停滞不前甚至分崩离析。

没有统一的思想理念，很难促成应有的和谐运行局面。团队每做一件事，管理者都要花费大量时间和精力去沟通工作任务的意义、价值和方向、内容，这将严重降低班底和团队的运行效率。

正因如此，团队构建铁班底的首要目标在于思想一致，即团队管理者和班底成员的想法总是具有趋同性。

思想统一的方法

为什么说必须确保铁班底有高度统一的思想？思想统一，才是打造高效团队的切入点。团队的执行力、战斗力，来自铁班底思想的统一，有了统一思想，才能有统一行动，形成步调一致的团队。想构建高效的团队，就必须先统一铁班底的思想。因为思想是最活跃的因素，团队执行力和运转力，都来源于铁班底成员思想的统一。

对于团队而言，思想统一的最高境界，就是将"铁班底"变成"同一个人"。

当然，所谓思想统一，并不是禁锢思想，也不是扼杀创新。统一铁班底的思想，并非让班底内所有人都形成同样的思维方式、思考方法和情感认知，而是在团队管理者所确定的共同目标基础上，做到步调协调一致，达到相关思想认知要素的统一。因此，思想本身可以存在多元性，但铁班底成员需要统一的是思想要素。

让铁班底和团队管理者的想法一致，应具体利用以下三大方法。

1. 打造被认可的团队文化

铁班底必须认为团队文化是先进的、符合生产发展要求并能代表广大成员利益。这样，铁班底才能与团队管理者提倡的文化相融合，并产生积极的认同感。

为此，管理者就不能对团队文化避而不谈，更不能将构建团队文化看作没有直接意义的工作内容。相反，他们必须从团队现实出发，从利于接受和认可的角度出发，去打造团队文化，以吸引铁班底成员的加入。

2. 管理者应主动传递思想

铁班底只有认可了领军人物对团队未来的设想、长远的规划，才能清楚自己在设想与规划中应承担的角色任务，才能去设定执行员工团队的工作目标和具体任务。不仅如此，他们还需要深刻理解管理者对整个行业的观察角度，学习管理者对商业模式的认识高度，从而真正追随管理者的思想脚步。

管理者应善于发现机会，主动向成员传递个人思想。其中主要包括团队价值观、团队目标愿景和团队使命感三大方向。

团队价值观，是指团队认为什么才是正确的、什么是错误的，什么是需要的，什么是应该被扬弃的。

团队目标和愿景，目标是指团队应在短期获得怎样的成绩，愿景是指团队应在长期达成怎样的远景。

团队使命感，是指团队成员如何看待自身在企业内承担的责任与使命。

管理者想要让铁班底成员接纳并跟随自己，就必须围绕上述三大方向，形成具备个人特色并清晰易懂的思想。

3. 管理者主动宣扬经营理念

铁班底掌管整个团队的经营实践，因此他们必须认同管理者的经营理念。包括管理者如何看待成员与团队的关系、如何评价成员的价值、如何评估成员之间合作的方式等，也包括管理者对经营目标的确定方法、对经营手段的调整等。

管理者应随时总结提炼自己的经营理念，并抓住时机进行传递。例如，在解决问题、总结成绩、召开会议、讨论目标、研究人事等场合中，可以提出自己就某个问题的看法，并对看法进行延伸，形成团队成员能结合具体工作情境而领悟到的思想内容。通过日积月累的沟通，团队成员就会受到管理者理念的影响，进而转变自身理念看法。

03
打造铁班底的六个吸引点

在打造铁班底、吸引优秀人才之前，管理者应该知道什么样的人有必要加入铁班底。答案一言以蔽之，即团队的核心成员。

谁是团队核心成员

对于核心成员，通常可以有两种界定标准。

一种是以业务为主的界定标准，在该标准下，核心成员是指那些总是和客户直接面对面进行洽谈的人群，可以将他们看作团队的"形象代言人"。在具有一定技术门槛的团队中，也包括那些从事和团队业务息息相关的核心技术人员。

另一种标准适用于综合型团队。在这种标准下，核心成员是团队中10%~30%左右的成员群体，他们负责领导着团队内80%~90%的技术和管理工作，创造了团队大部分的利润。无论他们人数多少，都是团队的灵魂和骨干。

因此，如果管理者面对的团队，是以业务性质为主要部分，那么就应明确将业绩最好的成员发展为铁班底的必要性。通过将他们变成铁班底，就能带动整个团队的业绩。在这样的团队中，业绩永远是铁班底发挥的最大价值。

如果管理者身处综合型团队，或业务性质并不那么强烈，铁班底内的成员通常更接近为知识性工作者。他们会将个人事业看得很重，比较理性，更喜欢追求成就感，有很强的责任感，也拥有相对独立的价值观。

无论何种标准，能进入铁班底的核心成员，其业绩必然超过普通成员，经验和态度也是过硬的。这些都是他们成为团队铁班底的硬件。为吸引这样的成员加入铁班底，管理者有必要向他们做出明确承诺，以激励其士气。

塑造收益的吸引点

核心成员为什么会想要加入铁班底？如果管理者不能从成员角度去考虑这一问题，就很难真正吸引他们为此而努力。

管理者应使得铁班底成员获得最大化的合法合理收益。铁班底成员的收益构成，如图 2-2 所示。

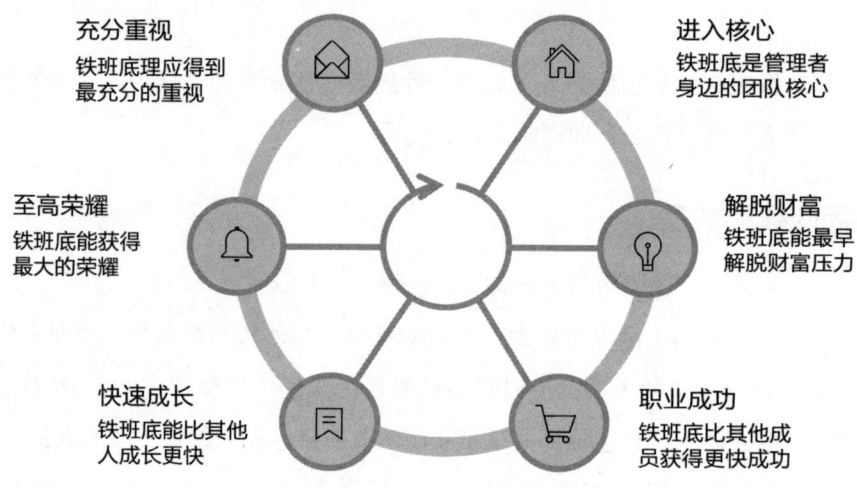

图 2-2　铁班底成员的收益构成

铁班底成员的收益构成，主要包括如下六个方面。

1. 充分重视

想要让核心成员向往进入铁班底，管理者应先给予班底充分重视。管理者不重视团队班底，就如同一个人不爱自己的家庭成员。团队原本能给予管理者的支持、尊重和热爱，管理者也将永远无法发现。

在团队运营中，不少管理者给下属的压力、利益、承诺似乎都不少，但唯独缺少了真正的重视，对谁似乎都只会公事公办。即便对团队班底成员，也依然不愿意随时帮助、虚心请教，而是一副高高在上的样子。管理者应明白，当他们在漠视班底的时候，班底成员也会遗弃管理者。相反，让成员确信自己进入团队班底，就能得到最大重视，他们就会珍视、爱护这样的机会，并为之而奋斗。

2. 至高荣耀

团队管理者都明白，一个人无法打天下。团队发展依靠的是所有人力量，更缺少不了铁班底成员。这些成员，往往都是跟随管理者从创业时期共同成长，他们和团队度过了每个困难时期，经受风雨的洗礼、体验成长的苦乐，他们对团队未来有坚定的信念。面对这些和团队同甘共苦、不离不弃的老成员，团队应让他们享受到至高的荣耀。

在团队铁班底中，也有后来加入者。他们具备突出的专业和综合能力，为团队出谋划策、贡献力量，无论他们面对何种具体工作都会尽心尽力，调到哪个岗位都会成绩卓著，遇到什么情况都会冷静对待……面对团队未来有积极影响的成员，管理者也应用给予至高荣耀的方式来回报他们。

通过日常工作环境、特殊节庆活动或者正式场合上的推重等仪式感手段，管理者应使班底成员感受到荣耀，并愿意为了回馈荣耀而进一步努力工作。

3. 快速成长

信息经济时代，企业的核心成员已不再只是为了生存而工作。他们渴望个人能力的充分发挥和自我价值的实现，他们和团队更多体现为共同成长关系。团队管理者应深刻认识到，团队和成员实质上属于相互依赖的共生关系，即团队信任成员，成员尊重团队，共享成长资源。

为此，团队管理者应真正认识到铁班底的重要性，充分承认和体现成员的成长价值。在面向铁班底进行管理时，应摒弃以工作为中心的管理风格，实施以成长为中心的管理方式。例如，多向铁班底成员提供培训学习的资源机会，多提出有助于他们实现个人成长目标的管理措施等，以促使他们成为团队内成长最快的人。

4. 进入核心

团队核心成员自我实现愿望强烈，管理者应积极向他们提供进入管理核心、获得升迁的机会。例如，职位晋升、授权等，都是对团队成员工作成绩和能力的充分肯定。当团队出现职位空缺时，应优先考虑内部调动或提升，果断提拔核心成员成为新的铁班底成员。

这样的吸引手段，不仅能减少团队的管理成本，更能激励成员本人和其他成员，让那些尚未成为核心成员的人，看到通过努力进入核心管理层的希望。

5. 解脱财富

薪酬并不只是激励核心成员的唯一要素，但核心成员希望能得到与其业绩相符的薪酬，铁班底成员更希望获得解脱财务压力的财富。毋庸置疑，个人的财富多少，已经是现代社会衡量个体价值的重要尺度，也是个体努力工作带给家人幸福生活的重要手段。因此，制定合理的薪酬、股权和奖励政策，是吸引核心成员加入铁班底不可或缺的手段。

传统上，团队薪资制度只注重消除成员的不满，却没有达到充分吸引他们加入铁班底的目的。例如，传统薪资制度注重职务因素，往往成员只有先获得职务晋升才能提升薪资。现代的团队管理思维内，即便成员没有职务晋升，但他却通过自己的业绩贡献和敬业态度，进入了铁班底，他们就应获得薪资的提升。

为了让铁班底身份对核心成员具有更大实际意义，管理者需要改变传统的团队薪资设计理念。

首先，应解决内部公平性和外部竞争性的问题，在团队面向市场不断地发展过程中，进行相应的维护调整。其次，还要让薪资和成员的态度、贡献和团队地位直接挂钩，让他们明确自己的努力方向，以调整他们的行为习惯和工作目标。

如果条件允许，团队还应该采用股权激励的方式，奖励那些进入铁班底的重要人才。这些人才可能处于不同的岗位、职位上，有不同的工作贡献，但都紧密跟随团队管理者，得以进入铁班底，并更有资格享受股权激励。

例如，华为技术有限公司的股本结构为30%的优秀成员持股，40%的骨干成员有比例持股，10%～20%的低级成员适当持股。

类似的激励机制，能让成员获得远超薪资的预期经济收益，获得财富上的自由解脱。这显然有利于激发成员的工作积极性，增强管理者与铁班底之间的联系。

6. 职业成功

对铁班底成员，团队管理者最终应着眼于使其获得源源不断的职业成就感，营造良性、和谐的班底运行氛围，保证他们能从中得到长远成功。

为此，管理者应重用铁班底成员，授予他们一定的权力，赋予其相当的责任。越是给他们压担子，就越是能调动起铁班底追求成功的积极性，也能赋予他们超过普通成员的责任感。同时，管理者对铁班底工作成绩还应给予及时充分的肯定，让他们从工作中获得满足感。

管理者要和铁班底成员建立共同愿景，明确职业奋斗目标。要让他们主动在职业追求中融入团队愿景，这就等于通过铁班底为团队注入了长远价值和潜能，让铁班底成员在获得自我提升时，感受到更大的成功愉悦。

04
打造铁班底之认识周期

当管理者选中铁班底预备成员后，需要为他们设计认知深化的路径，使他们对团队和自身关系的发展，形成精准科学的认识，以获得加入铁班底的基础资格。

通常而言，成员在进入一个团队后，会经历必然的角色周期。团队成员角色周期，如图2-3所示。

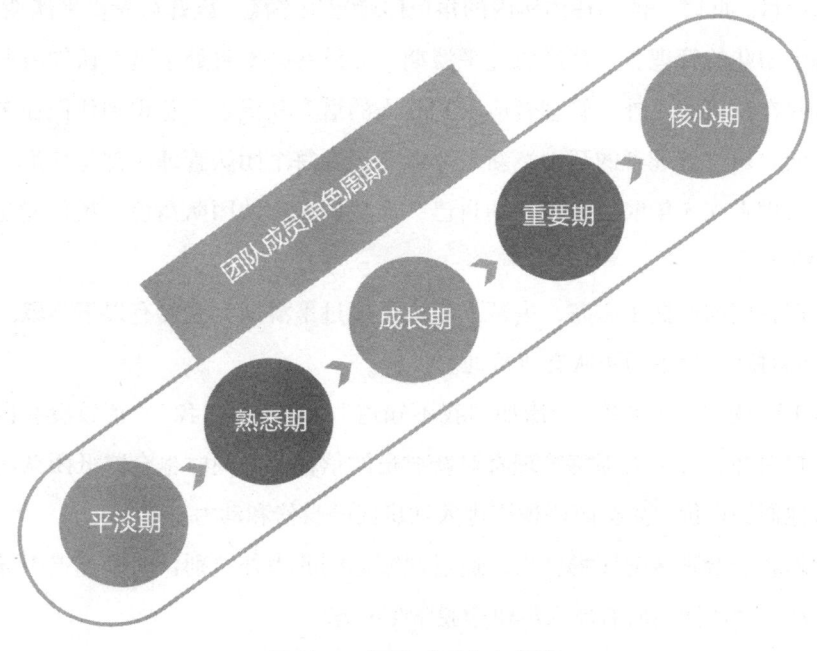

图2-3　团队成员角色周期

团队成员所承担的角色变化,主要分为如下阶段。

1. 平淡期

在铁军团队训练课程上,曾经有一位大型团队的管理者,倾诉自己最不喜欢的就是新成员。他说,自己经常听到新成员说出职业感很弱的话。例如,"领导,我和这个项目的负责人沟通不了,他一直不回我,我该怎么办?""我不知道该怎么办啊,没人通知我。""这些不是我管的,我这边正在忙另一个项目。"在他看来,这些话经常出自初入团队的"小白"之口,这些年轻人不知道什么时候才能学会用心,也总是搞不清楚事情的严重性。

其实,这位管理者并不是对新成员有什么偏见,而是他没有察觉到成员在平淡期的心理和行为特点。

离开校园、初入社会,团队新人总是会有一段尴尬时期。此时,他们似乎什么都不懂,什么也做不好,他们不甘心总是做无关紧要的琐事,但无力独自承担重要的项目。此时,他们在团队内的角色体验感很平淡,因此可看作平淡期。

每个团队的管理者,都经历过平淡期,并没有必要将处于这一认知阶段的新成员排除在铁班底之外。管理者应看到新人的潜力和优点,意识到他们在未来发展的空间。通过管理者的帮助,新人才能意识到每个团队管理者都是从最底层做起的,管理者在5年前就是现在的自己,而他们现在的团队角色,很可能是自己5年后的样子。

管理者应如何摆正心态,去帮助新成员度过平淡期?主要有以下步骤的进阶指南,能对新人为主的团队有所帮助。

(1)改变"学生心态"。诸如"我不知道""没人通知我""领导没有说"等学生化口头禅,会极大损害管理者对新成员的信任感,同时也会降低团队内其他成员对他们的评价,更会阻碍他们进入铁班底的自信和动力。

管理者应合理区分职场新人,通过观察他们的内外差别,明确重点引导的对象和方法,使团队内所有新人尽快摆脱学生心态。

从思维区别角度来看,初入团队的成员可以分为两类,一类是成长型成员,一类是停滞型成员。成长型成员善于利用一切机会学习，能迅速度过平淡期，有效提升自己的工作能力。他们更看重工作结果，也看重探索过程。停滞型成员恰好相反，他们缺乏对具体事务的耐心，不愿深入探究。

同样处于平淡期的新成员，获得不同思维模式的启发引导，就会表现出不同的发展方向。一个团队的管理者能开发出成员多少潜能，要看他能在最短时间内帮助多少新成员去掌控工作、调整心态，摆脱学生腔，对结果主动负责。这既是新成员的职场第一课，也是团队管理者教会他们走好的第一步。

（2）尊重客户，具备职业精神。帮助新人尽快度过平淡期的关键方法，是教会他们如何尊重客户并具备职业精神。无论是邮件格式是否正确、PPT制作是否专业，都不只是新人的工作内容，更应是团队对他们工作态度的培养和考验。管理者应要求他们凡事学会多想一步、多做好一点，就会比别人走得更远，也能距离铁班底更近。

除了主动引导外，管理者也应学会去观察平淡期的团队成员。有些新成员进入团队时，做的只是打印文件、端茶倒水之类琐碎工作。管理者应学会重点观察哪些成员没有抱怨和懈怠，而是心怀客户、尽力做好。

管理者尤其要发现那些在完成工作同时，还能认真保持学习态度的新成员。他们往往具备更为专注的负责精神，愿意对工作结果追求到极致，也更容易通过努力，尽快度过平淡期。

（3）发现格局更大的新成员。喜欢说"我不负责这些""这些不归我管"的成员，无论其学历、能力如何，其工作格局都有所欠缺，距离进入班底尚有距离。这样的成员，大都已给自己设了限制，他们在内心认定自己将长期平淡，也就不再追求卓越。

新成员一旦缺乏格局，其平淡期就会不断延伸。很多人即便工作一两年，还是没有明确自己的发展方向，只愿意"安稳"地停留在琐碎平常的简单工作中。管理者应积极发现那些比同龄者格局稍大的新成员，他们经常表现为愿意尝试多个方向拓展思路，用最小的时间成本选定个人发展的方向。管理者一旦发现他们，就要积极为他们提供机会，帮助他们脱颖而出，顺利度过平淡期，设定进入班底的目标。

对于那些格局不够大的新成员，管理者也不应轻易放弃。管理者应帮助他们理解目标设定的重要性。如果想要在团队中有所进取，新成员就不能只满足于做好平淡期的"本职工作"，尽管这样会让完成看起来更容易，但会导致奋斗过程的缺失，导致未来发展空间的逼仄。

总而言之，新成员还应能在平淡期受得了寂寞、抵得住诱惑、顶得住压力、扛得起责任、受得了委屈。管理者应在他们平淡期看到希望，他们就会迅速走向新的阶段。

2. 熟悉期和成长期

当成员经历平淡期后，开始进入熟悉期。此时，他们对团队变得越来越熟悉，对企业制度、架构、业务、文化等逐渐了如指掌。与此同时，他们也开始掌控自己的成长，明确职业生涯的发展方向，调整职业心态的平衡。

作为团队的管理者，无不希望团队下属迅速成长。他们既希望能像伯乐那样发现千里马，但也担心能力平庸的成员会对团队拖后腿。然而，绝大多数成员并非庸才，只要在熟悉期和成长期获得有力引导，端正思想认识，就能获得充分的机会进入班底。

在这两个阶段中，管理者应积极履行以下工作。

（1）增强成员的自信心。决定一个人最终工作业绩好坏的因素，和对工作的期待感有关，而这正是由成员的自信心决定的。作为管理者，要在和团队的沟通中时刻表达重点意图，即"你正在成熟，而且越来越好"。要不断告诉成员，企业从过去、现在到未来，始终缺少优秀的人才，而他们经历了熟悉期和成长期，必然会填补这样的人才空白。

通过类似沟通，可以不断加强成员的自信心。每个人的自信心都不可能凭空而来，成员在熟悉和成长期，非常需要来自他人的肯定，以逐渐养成自信心。当他们的自信心提高了，对个人能力的掌控也就加强了，就会呈现出更高的成长效率。

（2）将缺陷变为优势。很多团队成员都存在明显的短板，但这些短板并非不可弥补的缺陷。有些团队管理者发现成员的缺陷时，会立刻指出，然后督促其改正。然而，当成员已处于熟悉期和成长期时，这种做法则有待商榷。这是因为成员并不愿意总是被"逼迫"着进行改造，很容易变成管理者在浪费自己的时间，也引发成员的不满。

与其强行要求成员改变短板，不如换个角度，分析成员的问题，并将之改变为优势。

例如，有的成员对工作流程熟悉后，表现出灵活性不够的问题，总是刻板地执行原有工作方法，而不能自主面对新情况。但换个角度看，这也说明了他们工作原则性强，对整个团队负责。身为上级，管理者可以鼓励他们在集体场合中多表达自己的原则性特点，以对整个团队产生监督制约的作用。

通过类似的鼓励式引导，成员会坚持在熟悉期和成长期表达自己的看法，使团队内气氛更为融洽，同时促进多种工作风格的碰撞与整合。

3. 重要期和核心期

管理者在团队中不仅要有自己的威望和权力，更要有倚重的成员。对这部分成员，应给予充分关照，让他们能支撑团队的管理框架。

当成员在熟悉期和成长期积累充分的工作经验，创造良好的业绩后，他们在团队中的地位将与日俱增。此时，他们会参与团队内重要的工作，列席重要的会议，讨论重要的决策事项……在普通成员眼中，这些成员正变得越来越不可或缺。

此时，管理者也应及时将处于重要期的成员和普通成员加以区分管理，以引导他们更进一步走向核心位置。

（1）表达重视和亲密。对重要期的成员，管理者可以在一些公开场合，表达自己的欣赏和重视。这样做有以下两方面用处。

首先，可以树立重要成员的地位，使他们具有更充足的资源，可以更好地执行来自管理者的工作部署。

普通成员对团队管理者的态度十分看重，当管理者对重要期的成员表达重视时，实际上等于向整个团队宣示，这个成员很重要，他的行为在一定程度上可以代表我，对他的建议，我也会非常重视。

其次，通过在公开场合表达对重要期成员的亲密关系，也能让他们产生更多的职业荣誉感，增加他们对团队的忠诚度。

当然，在公开场合表达对成员的重视和亲密，应该注意方式方法。管理者要在合适的时机和场合，说合适的话语。有时可以明确地表达自己对重要期成员的好评，也可以进行暗示。在外部场合可以只是泛泛而谈，评论大致印象，在内部场合则可以谈一些具体事例，分析重要期成员的特点。

（2）给予更多。对于已处于重要期的成员，团队管理者一定要有正确评估，重点应评估其实际需求，并付出超过其预期需求的资源。这是因为重要期的成员承担了团队内大多数普通成员暂时无法承担的压力和责任，如果管理者给少了，重要期成员就会感到不平衡。如果给得正好，他们很可能会认为这是自己应得的，并不会对管理者有感激之情。

管理者不仅要给出超预期的回报，还要给予成员真正想要的资源。如果成员并不在意，那么即便多给出奖励，也很难产生良好效果。例如，有的重要成员更希望获得薪资奖励，但管理者却提供了职位晋升，即便晋升很快，成员也未必满意。而有的成员希望获得更多的权力空间，如果管理者只能给他安排一些奖金，也难以产生激励效果。

05
成为铁班底之成员层级

团队失败的重要原因，并非在于成员的害怕、恐惧和不信任他人，而是因为成员对自己在团队中所担任的角色感到迷茫。他们不清楚自己的具体任务是什么，是否有权处理认为需要做的事情。由于看不清现在，他们更预知不到未来，也就无从发现自己通向铁班底核心人物的道路。

针对现实问题，一方面，管理者需要为成员整理出整个团队的人员构成层级，并确保他们清楚各个层级的特点，使之能对号入座、明确角色的同时，更能有效确定提升的目标和方法，逐步成为铁班底的核心人物。另一方面，团队面对激烈的市场竞争，想立于不败之地，就要进行适当的淘汰。而准确淘汰的前提是分类。团队里面可能有很多人，他们分别扮演不同角色、承担不同任务、做出不同贡献，对团队贡献率存在高低之分，距离铁班底也有远近之分。如果能不断将那些和铁班底距离过远的成员淘汰出去，将距离铁班底越来越近的核心成员培养起来，团队的战斗力就会越来越强。

为了恰如其分地推动上述管理工作，管理者需要对团队成员进行有效分级。团队成员分级，如图 2-4 所示。

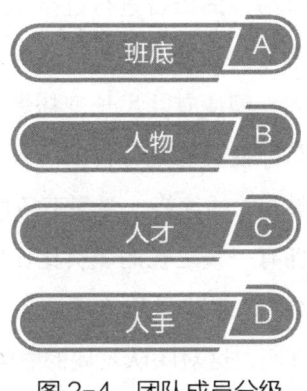

图 2-4　团队成员分级

团队成员级别的分级具体差别如下。

1. 人手（能力薄弱）

许多团队之所以虽然有所发展，但总是不尽如人意，在于其中"人手"成员太多。所谓"人手"成员，是指能力薄弱、态度中庸的普通成员。他们在团队中并不起眼，既没有像混日子的成员那样令人讨厌，也没有像核心成员那样令人佩服看重。大多数时间，他们都躲在核心成员身后，以温顺"小白兔"的形象，听从管理者的指挥。管理者让"人手"成员做什么，他们就去做什么，既不会多做，也不会巧妙地做。一旦完成了眼前的工作，他们宁愿停下来等待，也不会去主动学习、探索，这既是因为他们缺少开拓的勇气，也在于缺乏创新的精神。

在工作中，"人手"比比皆是。他们认为上班不过是一天工作换一天收入，自己既没有过人的技术，也没有光鲜的背景，同时更没有独特的资源，想要成为核心成员难上加难。

由于错误的认识,"人手"成员选择了得过且过。只要团队暂时还有他的角色,他就愿意继续"工作"下去。而这种"工作"内容,也只是扮演跑腿打杂的角色,无法带给他职业成长所需的丰富经验,也不能带来丰厚收入和职位晋升。

2. 人才(一技之长)

今天的企业团队中,并非没有人才,而是缺少识别人才的管理者。早在《资治通鉴》中,司马光就用浅显易懂的语言进行过生动形象的比喻,他说,真正具有高尚道德和智慧的人在用人时,会像工匠对待木材那样,取其有用部分,抛弃无用部分。如果树围有几抱大,即便有几尺长度朽烂了,技艺高超的工匠也不会抛弃它。这段话的内涵,是指即便具有充分价值的人才,也难免有缺点,管理者在打造铁班底时,要善于发现人才的优势,要善于扬长避短。

然而,在一些团队中,拥有一技之长的成员比比皆是,管理者却对此视而不见,他们认定"团队缺乏人才",最终导致人才流失。真正的人才受到冷落而离去,普通的"人手"却进入班底,这对团队发展的影响可想而知。

管理者建构班底人事决策的重点,并不在于如何减少成员的缺点,而在于如何发挥成员的长处。世界上没有完美的人,商业团队中更没有完美的成员。即便是优秀者,绝大多数也只能做到"一技之长",而不是"技技皆长"。对于普通成员而言,"一技"往往能确保他们在团队中生存下去,获得生活的收入保障。而其中稍突出者,则能做到"之长",使其能在同类型成员中崭露头角。这样的成员,就有资格进入班底考察对象的序列中。但管理者如果奢求每个进入团队的人,都能在各个领域达到专家级别,就会变得过于理想而远离现实。

总之,团队在构建铁班底时,只能找到最适合某一类工作的成员,了解其最擅长的技能是什么,再将其安排在合适岗位上锻炼考察、发挥所长,最终进入班底。如果求全责备,管理者就会发现手中无人可用。

曾经有一位管理者,在参加铁军训练课程前,抱怨团队内成员缺点甚多,几乎没有能够可信靠的班底。在学习课程后,他回到团队,对所有成员进行了性格和能力测试,按照测试的结果,将他们分别安排在最适合的岗位上。他很快发现，绝大多数成员都充分发挥了自己的技能特长。随后，他还利用成员看上去的短处，为团队做出贡献。例如，他让人际关系处理能力不强但做事认真的成员，担任审核工作。让表现欲望强喜欢社交的成员，做团队对外公关工作等。这些措施使得整个团队人尽其才，也形成了人才济济的铁班底。

团队管理是一门艺术，铁班底的构建更是如此。管理者要从不同角度，对班底成员进行观察描绘，使人才的魅力能发挥到极致。当人才长处和班底内合适职位匹配后，就既能让成员发挥专长，也能让团队受益。

为此，在打造铁班底时，管理者应重点做好以下几点。

（1）进行合理的职位设计。管理者在设计班底职位时，必须十分谨慎，而不能随意设计出团队内现有人才无法胜任的职位。如果连续两三个人才都无法胜任同一职位，且这些成员在过往工作经历中表现良好，那就应该重新审视这一班底职位设计的合理性。如果不合理，就应对其职位角色进行重新设计。

（2）班底应为人才提供空间。在设计班底内部架构时，管理者应秉持以下原则。

①确保班底内各职位既有较高的工作要求，又有较宽广的工作范围。

②确保所设计的职位具备一定挑战性，能使人才充分发挥优势和长处。

③确保所设计的职位，能为人才提供足够的表现空间，使成员能将与工作有关的技术优势，转化为个人工作成果和团队工作业绩。

（3）考虑成员的技术优势。管理者在打造铁班底时，不能单纯抽象刻板地理解职位要求。尤其在中小团队内，更应考虑被任用的人才有什么长处。当管理者决定将某个成员纳入铁班底之前，应非常清楚其优势，并对此进行充分、周详的考虑。

3. 人物（独当一面）

这一层级的成员，已紧密跟随铁班底。其纽带为同管理者目标、利益和思路上的一致，其表现为可委托重任、执行力强、表现突出，能独当一面。

一般而言，团队中的"人物"级别成员，大多是团队创业元老、高级别成员或空降的专业人才等，并不是任何有技术才能的人都能成为团队"人物"。管理者还需要分析"人物"与自身的纽带，判断该层级成员担任铁班底之后的具体表现。

通常而言，"人物"与管理者的纽带和表现，包括如下部分。

（1）目标一致。"人物"级别的成员深刻认识到团队发展与自身发展之间的密切关系。他们清楚，团队越大、发展越好，他自己就越是有地位、收入、前景和机会。因此，他们个人发展目标同团队经营目标是一致的。

（2）利益一致。随着团队不断发展壮大，"人物"级别的成员会从中得到地位提高、职位晋升和收入增长。因此，他们非但不会对团队的发展制造障碍，还会一心为了团队进步而贡献力量，与管理者同心同德。

（3）良好表现。有了上述纽带后，"人物"级别的成员会有良好表现。例如，团队能够对其委以重任，负责团队内的重要事务等。而他们也会跟随团队管理者的思路，遵循管理章程制度。

"人物"成员有极强的执行和行动能力，管理者制定的方针大计，他们能将之演化成具体计划，并将之落实到具体工作中去。他们可以负责具体的工作过程，而无须管理者去详细过问，他们能排兵布将，交出令人满意的结果。"人物"成员不仅能通过自身努力去完成任务，还能通过培养"人才"成员，形成对团队工作的支持。他们无须管理者去直接帮助，就能打造出人才团队，从而复制自身的能力、经验和价值观、目标，在更大领域上独当一面。

为了打造"人物"级的成员，管理者需要适当放手，让处于"人才"级别的成员去独立工作，面对风险和矛盾。要相信他们的能力和经验，足够支持他们解决问题，并帮助他们积累丰富的经验。

"最厉害的成员，就是让领导者无事可做"。管理者应让成员明确，只有先独立，才能获得成长，并从"人才"成长为"人物"。

4.班底（核心人物）

团队班底就是核心层，核心层就是人。任何班底的构成都不是无缘无故的，其形成必然有底层纽带，将核心人物加以联系。

在团队内，利益是班底的重要基础。如果班底没有共同的利益，就不会形成核心层，也不会和管理者形同一人。不仅如此，真正的铁班底还应和管理者形同一人，共同承担风险。

更重要的是，班底应和管理者形成共同理想。管理者想的是将团队做大、企业做强，而班底如果想的是小富即安、分点红利，双方之间就不存在真正的共同理想，成员也就无从成为核心人物。

团队想具备共同利益、面对共同风险，形成共同理想，其基础在于彼此的共同认可。班底作为管理者周围最紧密的人员，应充分认可管理者为人做事的风格。同样，管理者也应充分认可他们的核心优势，双方在互相认可的基础上实现充分的互补。

06
打造铁班底之能力成长

社会与市场不断发展，企业环境不断进步，团队成员也应持续成长进步。唯有如此，团队能力才能适应新的需要，并发现与淘汰不合标准的人员，形成适应团队发展所需的人才比例结构。

管理者应认识到，今天看似合格的人才比例，未必就能撑起团队的未来。随着团队基础不断变大，必然会面对能力成长的问题。这一问题的解决方式，主要是针对性的学习过程。

不同层级的学习态度

身处不同层级的团队成员，其学习态度是不同的。通常而言，混日子的"人渣"级成员，总是在抗拒学习。他们面对学习总是有无数推脱的借口，今天加班，明天生病，后天要请假回老家，总是无法开展真正有效地学习。因此，从他们加入团队开始，他们就鲜有成长，也就越来越落后和封闭。

相比这样的成员，"人手"级别成员在潜意识中了解学习的重要性。他们渴望通过学习获得进步，以变得与众不同，并克服自己原有的认知不足、能力短板等问题。但他们对于学习有逃避心理，在面对学习任务时患得患失，担心自己付出了时间和精力学习却无法获得回报。同时，他们还存在强烈的畏难情绪，一旦在学习过程中遭遇困难，就希望寻找捷径，或者直接选择放弃。如果没有来自外界的强制性要求，他们很难坚持学完。因此，"人手"级别成员大都是被动学习，而暂时无法主动投入到学习中。

管理者还应针对"人手"被动学习的问题，指出他们面对的职业瓶颈问题关键，帮助他们寻找学习机会和资源，端正学习态度，明确学习的方向与目标。

在团队中，"人才"队伍不断更新换代、"人物"队伍规模不断增长扩大，其学习进步表现出的变化更为重要。

"人才"能主动学习。当他们成为独当一面的"人物"后，则能更好地合理安排时间、精力，将个人资源聚焦于学习。

在中国改革开放初期的外企管理团队中，吴士宏是富于传奇色彩和个性魅力的成功者，被称为"打工女皇"。

吴士宏出生于北京，1973年初中毕业后，吴士宏被分配到街道小医院做护士。10年过去了，改革开放改变了中国，也改变了她的眼界。她依靠一台小收音机，用一年半时间自修原本三年的英语教程，并通过成人高考取得英语专科学历。在拿到大专文凭后，吴士宏获得了去IBM工作的机会。进入IBM之前的面试里，吴士宏表现出色，她用流利的英语自我介绍，说自己以前的同事和领导，都相信她有能力做更多的事，如果能给她机会，她会以实际成绩来证实她的能力和资格。

最后，主考官问吴士宏会不会打字，吴士宏条件反射地说："会！"主考官问："你一分钟能打多少字？"吴士宏立刻反问："您的要求是多少？"主考官说了一个标准，吴士宏马上承诺说可以。她发现，考场里没有打字机，主考官应该不会再加试打字。

实际上，吴士宏从未摸过打字机。当这次面试结束后，她回到家的第一件事，就是借钱买了台打字机，没日没夜地敲打了一周，双手疲乏到连吃饭都拿不起筷子。吴士宏奇迹般练出她承诺的打字水平，并用之后几个月的时间，偿还了这笔不小的债务，而IBM公司却并没有去考她的打字能力。

初入IBM，吴士宏的职务听起来是"行政专员"，但她的工作内容与打杂没有区别。这段工作时间里，吴士宏感受到自己确实缺乏能力和价值，她也因此很少获得同事的尊重。到 1993 年初，IBM 在中国成立独资分公司，中国成员成为独资企业的直接雇员，吴士宏成为 IBM 的正式成员。吴士宏的内心萌发了念头："总有一天，我在 IBM 也可以成为一名经理！"

然而，这样的梦想在当时只是奢望，在科技类型的外企公司里，高学历人才比比皆是，而吴士宏只有自考大专学历，实际技能也很欠缺。

吴士宏决定改变现状、主动学习。有了应聘时的经验，她决定提前将事情坐在前面。她每天比别人多花 6 个小时用于工作和学习。为了通过计算机语言考试，她用两周的全部夜晚，啃完一尺半高的教材。为了拥有出色的口才，她将自己关在家里，对着墙壁反复练习绕口令。为了练习专业术语，她一遍遍背诵记忆，导致咽喉充血不能进食……由于不断学习，在同一批聘用者中，吴士宏掌握了更多技能，第一个成为业务代表。

吴士宏主动学习的努力没有白费，她在 IBM 公司工作 12 年，以勤奋好学、拼命工作著称，从勤杂人员成长为高管。1998 年 2 月，她担任微软中国公司总经理。1999 年 10 月后，又担任 TCL 集团信息产业公司总裁。此后，她始终在这家企业担任董事会成员。

由于具备了正确的学习态度，吴士宏才能将点滴时间都用在学习上，通过学习不断提高自身能力，并从"人才"成长为"人物"。

在团队中，管理者应对表现出主动学习欲望的"人才"级别成员尤其重视，为他们提供更好的学习机会，将其个人学习需要同团队工作需要紧密结合，打造出越来越多主动学习的"人才"成员。

如果管理者能有意识做到这一点，随着团队的发展，"人才"级别的成员会越来越多，其中大部分开始升级成为"人物"。原有"人物"级别的成员，一部分将进入核心层，另一部分将跟随该级别继续成长。这样，就通过学习启动团队内部更新换代的良性循环。

"人才"和"人物"，是托起团队的重要力量。管理者在重视所有人学习的基础上，更应重视"人才"和"人物"成员的学习成长。当"人才"和"人物"通过学习，能力获得成长后，他们将会带动"人手"级成员，整个团队的价值也将会由此开启崭新变化。

创设学习氛围

无论管理者带领的团队如何，你都需要在团队中不断创设学习氛围。通过氛围引导，确保"人手"能意识到学习的重要性，"人才"能有更多学习资源，"人物"能有更好的聚焦学习对象。

下面几点内容，是管理者创设团队学习氛围的重要途径。

1. 寻求多元的培训资源

在那些注重集体培训课程的团队中，普通成员每年至少有上百小时的培训课程。为了增强成员通过培训课程学习到的技能，团队会非常重视成员在培训中的内部流动。例如，有的团队会开展跨职务培训，让团队内负责营销的人员学习运营管理课程。也有的团队会开展跨部门培训，让人力资源部门的人去接受产品相关培训。这样一方面为成员带去了更多培训机会，见识更多培训内容，另一方面也增强了团队内部的练习。

在团队中，大多数成员对团队的需求，已经不仅仅是薪资需求，更有个人成长的需求。今天的成员，可以接受自己在一个团队内工作两年没有晋升，但很难接受两年内没有得到充分的培训。这恰恰是团队管理者应该为成员考虑的。

管理者应清楚，团队付给成员的不只是薪水，更有自身能力的培养、素质的提高，而这些都离不开多元化的培训课程。

需要注意，培训课程不仅是课堂上的技能训练，也包括其他途径。例如，一个项目完成后，可以进行一两个小时的总结。在内部沟通时，进行演示讨论。分享一个案例，或者写下几个新想法等。

寻找培训课程资源，既是成员的职责，也是管理者的责任。优秀的管理者应意识到，你无法教会所有成员所有技能。但你能创造一个便于他们学习的环境。因此，管理者需要负责为成员提供各种学习方案，并形成操作规章，指导他们从中选择培训课程。

例如，不少优秀的团队管理人，在参加铁军培训课程后，掌握了创造团队内部学习环境和氛围的方法。他们会将团队成员叫在一起，宣布内部学习计划。计划是每个成员准备一节自己擅长的课程，然后和团队成员分享。这个课程可以是成员工作的心得，也可以是自己在任何渠道学习获得的知识，或者是外部培训了解到的新方法、技巧等。

通过类似交流，团队内部形成了轮流分享个人学习心得的习惯。在这个过程中，成员既是课程的讲授者，也是亲身学习者。他们在准备课程为团队成员带来有价值的内容同时，也重新回顾了学习过的知识，获得全然不同的收益。

2. 积极规划学习生涯

高明的管理者和优秀的成员，从不满足于现状。他们会不断寻找新的更有效的工作方法和学习资源。因此，管理者需要积极帮助成员规划学习生涯，能不断带领成员总结学习经验，向业界标杆靠拢。

目前，在大型企业团队中，围绕成员的个人职业生涯，已形成完善的个人职业生涯管理制度。中小型团队可以参考这一做法，将个人职业生涯与学习生涯加以联系规划。

例如，团队管理者可以先向每个成员了解对方的工作志愿，然后帮助他们通过学习，完成职业生涯的志愿。在这样的规划中，同样也成就了学习规划。

3. 积极推动学习活动

通过团队内的各种活动，同样也能推动成员的学习，提升其个人能力和经验。主要的学习活动如下。

（1）总结体系。大型团队总结包括半年总结、年度总结、各种专项活动的总结。中小型团队总结包括季度总结、半年总结、年度总结等。个人总结包括周例会总结、半年考核总结、年度考核总结等。

（2）交流体系，包括团队内部成员学习交流会、规划沟通会、工作讨论会等。

（3）交换体系，包括成员内部轮岗、换岗以及与之相关的培训内容。

（4）指导体系，包括新成员指导制度、导师结对制度等。

07
打造铁班底之定位定心

团队如何发挥在企业中的价值？一言以蔽之，帮助企业解决问题。想要打造团队的铁班底，无论是成员还是管理者，都应立足团队的常见问题，确定自身角色，完成集体和个人价值的提升。

持续解决团队核心问题的前提，在于对自我价值的清晰定位。

团队面对的核心问题

团队面对的核心问题，大都来自管理体系覆盖的各方面内容。

从传统模式上看，企业团队管理包括六大板块，即采购、人力资源、资产管理、生产管理、财务管理、营销管理等。从新的环境发展需求来看，还包括环保安全管理、物流管理等。

团队管理者一方面需要应对市场或领导提出的竞争目标，另一方面也需要面对成员对收入、进步的要求。为此，他们应重点认清团队管理中的核心问题，对其中每个具体的原因、背景和应对方法、期待结果了如指掌，从而及时纠偏和调整，与铁班底一起注重团队的内外效应，使团队管理信息充分沟通。这样，整个团队才能忙而不乱、定位定心，推动团队乃至企业的稳步发展。

团队管理者是团队定位定心的领导主体，铁班底是团队定位定心的主体代表，团队其他成员则是定位定心的客体。由此，可以将企业团队核心问题分为人、事、物三个方面。

1. 人的规范性问题

主要包括人才任用的过程控制问题，包括如何甄选、安置、配备、职业规划、任用、储备、离职等。同时，还包括情绪管理、奖惩机制、文化效应等。这一类问题统称为人力资源问题。

人是团队管理中的核心，人力资源问题也是企业日常管理中的核心问题。只有通过团队定位定心，以人的角色，解决人的问题，才能促进相互配合，体现铁班底发挥的管理效能。

2. 事的整合性问题

通过铁班底的整合，明确团队人员做事的原则、方向和方法，发挥他们面对不同具体问题的解决能力，从而塑造出具备个性而又有统一方向的团队。

团队管理者对成员的定位和定心，是为了在团队铁班底支撑下，做好业务流程中各层次、各系统的事。其中，解决的相关问题包括市场方面如营销问题、渠道问题、品牌问题、公关问题，供应链方面如资源问题、资本问题，管理方面如管理问题、会务问题等。

3. 物的稳定性问题

通过铁班底发挥定位定心作用，还能保证企业管理中物的稳定性，主要体现在财务管理、资产管理、库存管理、物流管理等问题的解决。

物的管理，是团队的财富管理重点。如何杜绝财物的流失和浪费，则是保证其稳定性的关键。尤其在企业设备管理、财务管理、物流管理等方面，必须通过团队铁班底的定位定心，做好管理和控制。

企业内人、事、物三方面的相关问题，本身是密不可分的，必须遵循企业管理的规律。同样，定位定心所要解决的问题，也并非独立的，做好定位定心，往往能一顺百顺，让大量问题迎刃而解。

团队成员的定位定心

建立高效团队的铁班底，在于将合适的人聚在一起。如果管理者能够识别各种团队角色，并能根据这些角色匹配团队成员，就有了形成高效团队的基础。这样的团队，其效率会远远大于所有成员独立工作的效率总和。

如果每个团队成员都确定了自己的角色，而角色又适合于自身的技能、个性和工作经验，他们将从中获得更多收益。团队成员将在自己独特的贡献中体现出角色价值，而不是与其他团队成员为角色而竞争，团队中就会减少对峙与矛盾。这些都有助于在团队中形成更多激励力量、更旺盛的士气。

因此，当管理者建立了定位定心的铁班底后，团队其他工作也会变得更加容易。

想要真正定位定心，管理者应从以下几点着手做起。

1. 角色认知

个体角色认知，即团队成员寻求的有意义的自我定位，即寻求了解自己是谁、自己到底在团队中处于何种位置、自己将要向何处去等问题。

确定个体角色认知，就是"定位"。影响定位的要素有很多，包括教育、经历、社会角色期望、团队其他成员的角色期望等。良好的定位，能让团队成员尽快在组织中找到合适位置，尽快进入铁班底，从而充分发挥自己知识、经验、技能的优势。

相反，如果个人定位与团队整体定位有较大偏差，就会导致角色失当而无法确定位置。因此，高效的团队班底，必应经过成员的良好沟通，明确各自的定位后，并通过实际工作不断调整而适应变化。

许多缺乏铁班底的团队都有下列类似情形，例如具体分工不明确，有了工作任务时，大家全部上阵。解决问题后，面对新任务，大家又一起解决。在解决过程中，临时委派工作任务。长此以往，导致每个人的分工都难以固定明确，团队内部定位模糊不清，进而致使个体对工作角色认知陷入迷茫状态。

有位互联网电商团队经理参加过铁军训练课程，他提出自己团队存在着定位不清的现象。团队中有位产品运营高手，对项目管理兴趣浓厚，将自己定位于战略规划制定者，认为凭借自己的产品运营能力和学习到的管理理论，必然有资格进入团队铁班底。

实际上，这样的错误定位，迟早会影响到类似成员的定心。他很可能对团队未来推出的战略方向有所怀疑乃至抵制，也可能对团队管理者的做法不断抱怨，进而对团队整体绩效产生阻碍作用。

相对于自身过高定位的问题，也有不少团队成员出现定位过低的现象。他们对团队的各种战略规划和决策内容无动于衷，只着眼于如何做好自己的"一亩三分地"。他们从未想过手头工作与团队目标之间的联系，因而缺乏充足的动力。

无论上述何种情形，都属于团队成员未能准确定位定心。事实证明，团队成员是否准确认知自身角色，是其能否顺利进入铁班底的前提条件。个体角色认知是团队整体规划的重要因素，只有让越来越多的成员能将个体角色和团队目标紧密结合，才能打造出优秀的班底。

2. 角色划分

为避免在组建班底过程中出现角色冲突与模糊，导致无法定位定心，而给班底造成负面影响。团队管理者应尽早分清、指派或引导成员，结合自身特点，进行角色定位，清楚职责和位置。

在团队中，通常会有如下不同特点的成员。团队成员角色划分，如图2-5所示。

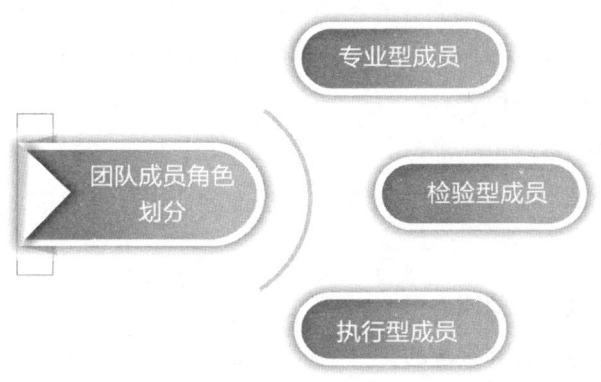

图2-5　团队成员角色划分

团队成员角色划分主要角色包括如下。

（1）专业型成员。他们专注于专业化的技能或知识，其真正兴趣在于这些领域。在专业领域他们充满激情并高度职业。但他们容易对团队其他人工作不感兴趣，并显得不合群。

对于这类型成员，管理者应将他们看作重要人才，因为他们对专业技能或知识有深刻理解。与此同时，管理者也迎合引导他们融入团队整体，善于观察和合作。在正确的引导下，他们将会具有更好的角色感，能够有动力、有奉献精神和决心，成为团队内真正不可或缺的人物。

（2）检验型成员。检验型成员本性内向谨慎，他们能镇静理性地面对问题，但同时他们又总在担心会出现问题。为此，他们喜欢检查所有细节，并设定比周围人更高的标准。

对于这类型成员，管理者应利用他们的特殊价值，将之定位为班底中能对团队工作结果验收负责的角色。如果他们在这一角色上定位定心，就能为团队提供更大的贡献。

（3）执行型成员。团队不能缺少产生思想理念的班底成员，不能缺少鼓舞和保持士气的班底成员，更不能缺少具体执行的成员。执行型成员是擅长做具体工作的人，具有很强的组织能力、自律能力，他们能将管理者的决策和想法，变成可实施可管理的工作任务和计划，而并没有太多个人的喜好。

引导该类型成员时，管理者既要认可他们的执行态度，同时也要帮助他们更好地定心，即拥有主动理解管理者整体战略的灵活态度，积极而投入地思考，从而在团队中发挥更大价值。

4. 测评工具

利用下面工具，团队管理者可帮助成员准确认识自身定位，进而完成定心，找准团队角色。

（1）我公司最需要的能力？

（2）我比较有信心和兴趣的？

（3）我相对比较擅长的？

（4）我能够持之以恒的？

（5）我最能发挥价值的？

（6）我应该成为什么样的成员？

08
打造铁班底之提升境界

想让铁班底发挥更大价值，就应不断提升班底成员的思想境界。境界并不是一个空洞玄虚的词语，它来自班底成员独当一面的价值、舍我其谁的愿力。

授权，培养独当一面的价值

在成熟的团队中，每个人都有自己的工作和管理任务，团队管理者不可能事事过问，而应在宏观上把握全局，将具体的工作交给班底成员分工负责。由于工作独立性的需要，班底成员必须学会独当一面。

打造班底时，团队管理者应首先挑选那些能力上独树一帜、可独立解决问题，并能通过策划和协调与他人合作完成工作任务的成员。这样的成员具有独当一面的能力，不仅能熟练应对本岗位工作内容，还会在团队其他成员忽略问题的情况下承担重任。如果整个班底都有这样的境界，团队潜力势必会因此更充分地发挥。

在世界知名的商业咨询机构麦肯锡公司中，独当一面是团队成员的基本素质，也是企业文化对每个成员提出的要求。这家公司认为，团队成员所负责的业务范围比较广，任何人想要在自己负责的领域中获得工作成果，都需要与多个组织和个人合作，这就需要他们有很强的综合协调和领导能力。同时，团队成员需要经常去客户企业的生产与销售现场，即便属于同一小组的成员，也经常是单独行动，这需要他们每个人都有独立判断力和决策力。最后，麦肯锡团队成员几乎都有自己负责的课题，这些课题需要联系全世界的专业顾问。参加会议时，即便成员是新人，面对着众多行业经营，也必须以成员本人为核心，依靠个人领导能力来掌控会议，发动所有参会人员，推动会议节奏。

在强调独立性的团队文化下，每个麦肯锡成员都必须适应独立工作、独当一面，聚焦学习、拿到成果，为团队贡献价值。

其实，并非所有团队成员一开始都能顺利独立。麦肯锡通过团队的在职训练，培养成员独当一面的能力。他们并没有采取老成员给新成员示范、直到新成员学会的训练模式，而是让新成员不断自行尝试学习，等其确实做不到的时候，才会有人给以帮助提示。当成员在某个难度级别的任务上，展现出独当一面的能力后，他们就会立即被调派接手更困难的任务。

通过如此训练，团队成员面对的是真实工作环境，他们必须尽快学会发挥领导能力，形成独自聚焦、发挥潜能的习惯。这样的训练，也逐渐让团队成员更为擅长独当一面，其贡献的价值越来越高。通过在不同训练条件下积累的经验，使麦肯锡团队成员具备了充足的自信去面对困难。

随着市场竞争的日渐激烈，社会分工日益精细，任何团队组织管理者面对复杂纷纭的矛盾时，都无法独自解决问题。他们必须懂得寻找和培养高境界的成员进入班底、独当一面，并授予他们独特的权力，在实践中拿出成果，承担起应有的责任。

管理者需要从以下角度着手进行授权。

1. 充分授权

凡是授权，都需要具有相对于权力来源的独立性。如果只是以一般表面形式的授权来培养班底成员，显然远远不够。只有以相当新颖、具有高度自主性的工作任务，才能考验出高境界的人才。

铁军团队培训班曾有过一位学员，供职于上海某家教育咨询公司。为了开拓 H 省的新市场，公司市场部需要挑选能负责该省的管理者。通过考察，市场部经理认为他业务能力强，善于学习，主动担责，并能在实践中迅速执行、获得成果。于是经理交给他一定资金和两名助手，要求他在限定时间内了解整个 H 省的市场状况、消费心理、竞争对手、潜在风险，并由此拟出开发 H 省市场的可行性报告。经过一段时间的努力，这名学员果然成功开拓了 H 省市场。

团队管理者采用这种充分授权的形式时，甚至不需要给班底成员确定具体目标和工作方式，而是期望他们依靠自己的能力完成任务。管理者应相信，完成任务的过程，是班底成员不断成长的过程。当他们圆满完成任务，其工作境界能得到充分提升，可以接受下一重任的考验。即便他们没有成功完成，只要认真参与了，也能从中学到普通工作无法给予的宝贵经验和心态，并能对未来的成长做好准备。

2. 用复杂多变的任务考验班底

班底成员想实现境界的升华，就要真正在业务能力、判断决策能力、协调能力乃至战略眼光等方面获得过人之处，才能真正撑起境界的成长。因此，团队管理者需要用复杂多变的任务来锻炼他们。

授权任务应有一定的难度。如果只是依靠程序性、执行性的授权，很难在成熟团队中挑选出真正具有高境界的人才，也难以将普通成员的境界提升到高境界的班子成员。因此，从管理者而言，授权的任务必须有一定难度，既符合培养对象的专业技术或业务能力水平，也需要他们经过缜密思考和周密计划才能达成目标。从成员角度看，想要提升境界，就要做好应对困难的准备，只有付出艰苦努力，才能脱颖而出，进入班底。

3. 授权不应短期化

任务时间与复杂程度，能锻炼团队成员的耐心和意志。有能力而缺少耐心的成员，很难在思想认识上进入高境界，即便进入班底，也无法真正推动团队。因为他们很容易急功近利，难以带领团队发现最好机会。

管理者在运用授权考验成员时，应要求接受任务的成员能坚持其个人工作方式，并展现充分坚韧的意志力，理性面对工作发展而不轻易动摇。团队成员也应在授权工作中表现出足够的耐心，细致发现问题矛盾的症结并加以解决，从而通过考验并获得提升。

4. 授权不应僵化

授权任务应具备一定的灵活性。凡是思维模式僵硬死板的成员，很难在班底中持续发挥个人优势。在绝大多数情况下，能在团队中独当一面的班底成员，必须具备灵活变通、随机而行的能力。否则，一旦遇到新情况，他们就只会忙于请示汇报，而无法直接实践形成结果，进而导致整个团队创新意识的缺失。

舍我其谁的愿力

对团队成员而言，从外到内的职业规划叫定位，从内到外的职业规划叫发愿。成员的职业定位，不能单纯依靠团队管理者制定，即不能只是依靠定位，同样也需要个人的发愿。

管理者应引导团队班底成员意识到，一流的成员，要在团队发展中学会自我发愿，即"我一定要解决企业什么问题，我一定要独当那一面，我必须拥有什么能力"。如果团队成员的愿力不充足，无论外界如何为其规划定位，都难以进入铁班底担当大任。团队成员愿力充足，只需要管理者稍加引导定位，就能在认识和能力方面，轻松进入新境界。

愿力不同于愿望。愿望只是一念之在，而愿力则是内心力度地输出。无论是管理者还是成员，都容易忽视愿力的重要性。当团队共同工作时，大家经常表现得十分积极奋进，似乎愿力充足。但实际上，工作状态并不一定代表了班底真正的内心愿力，当他们离开特定情境，回到自己的工作岗位上，往往就并没有表现出充分积极态度，因此限制了团队整体成员境界的提高。

管理者如何提升并保障班底成员的愿力？其关键在于表达和分享团队的愿景、使命和价值观，帮助成员寻找他们自己的愿景、使命和价值观。当班底成员将之明确为个人梦想时，就会努力追求，这种始终在追求梦想的力量，即为意愿所带来的力量。当成员特别想为团队做好每一件事情、贡献每一份价值时，他们就一定会投入更多的精力和时间，发挥更多的创造力。

在创办松下电器时，松下幸之助说："我们企业的责任，就是把大众需要的东西，变得像自来水那样便宜。"此后，这个团队的理念就是从"无"制造"有"，通过生产活动，带给所有人充足富裕的快乐生活。

作为团队管理者，松下幸之助为所有成员树立了一个美好的企业愿景、目标和价值观，并通过日常工作中的沟通、引导，将之分享给每个成员，成为他们的个人愿力，即帮助企业制造品质优良、价格合适的电器产品，通过不断增加的丰富物质产品，帮助人们获得安定和幸福的生活。

管理者懂得将梦想分享给团队成员，团队成员也能接纳这样的梦想。于是，梦想就形成了强大的愿力，提升了企业团队班底的思想境界。产生如此强大愿力的重要原因，在于其中遵循了无私的利他价值体系。管理者具备了利他的愿力，团队成员才会追随这种愿力，从利他起步，进一步扩大为利企业、利集体、利班底。反之，如果管理者总是秉承利己态度来看待事业，班底成员也只会亦步亦趋，无法得到思想上的升华。

所谓愿力,是班底成员工作时的持续动机。当他们只是想到自己,就难免自私自利,充满私心妄念,导致工作能量的浪费。当他们总是想到他人,就会专注集中,享受在团队中的每一刻。

随着愿力力量的从小到大,团队成员表现出对团队的归属感。成员愿力力量排列,如图2-6所示。

成员愿力力量排列可具体解释为如下层次。

愿力最低时,成员把团队纯粹当成管理者的。他们认定企业发展如何,都只和管理者有关,而与其本人的现状和未来无关。

愿力略增时,成员把团队当大家的。他们认为团队的发展情况,和身边每个人有关,同时也和其本人有一定关系。

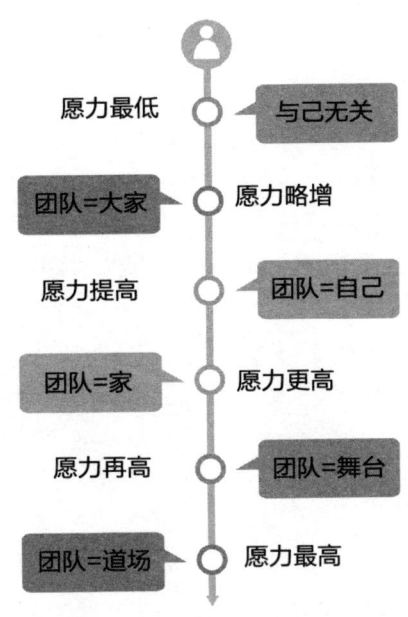

图2-6 成员愿力力量排列

愿力提高时,成员将团队当自己的。他们开始具有一定的主人翁意识,认为团队是自己职业的舞台,也是成就感的来源,更与自己的未来息息相关。

愿力更高时,成员会将团队当成家。他们开始对团队的环境和氛围爱护有加,希望团队能越来越兴旺发达,也将团队中的每个人看作家人,愿意同他们携

手合作、共同进步

愿力再高时,成员会把团队当成人生舞台。他们开始意识到团队不仅是自己的职业归属,也是人生中的重要风景。自己在团队中的付出和所得,都会构建成为人生的一部分。

愿力最高时,把团队当人生道场。他们将明白,无论自己从事的是什么工作,在团队中的每一分钟经历、处理的每一件事情,都是在修炼自我的能力与内心,是在借助团队去帮助他人、成就自己。因此,团队才是通向人生境界的必经之路。

如果管理者能帮助团队成员走完上述心路历程,他们的愿力将会不断增长,足以使得他们重新看待自我。为实现这一目标,管理者势必从自身做起,成为团队成员身前的典范实例。

高效能团队

第三章

去做才是关键，如何打造执行力

执行力,即通过准确理解管理者意图、精心设计实施方案和对团队资源(人、财、物、信息、时间)精心有效控制而实现团队目标的能力。执行,就是将事情做成功的能力。没有执行,团队就无法成功去做。仅有战略的正确,不可能带来团队的成功。真正成功的团队,必然是在战略和战术上都能到位的组织。

01
培养成果思维，努力拿到成果

对企业而言，什么是真正的有效执行？执行不只是行动，也不只是过程。如果执行没有收到成效，那团队的努力将是没有价值的。无论执行看似多么艰苦，其总体行为都将毫无意义。

某集团公司的老总曾经在车间视察工作时发现，有一名员工正在擦拭冲压好的电脑主机机箱，每个机箱都是擦拭三次。

老总问在场的工人："为何要这样擦拭呢？"员工回答："公司如此规定，我们就这样做。至于原因，领导没有说，我们不清楚。"

老总没有再说什么，而是找到生产经理："为何要擦拭三次机箱？"生产经理表示，是为了将冲压过程中遗留在机箱上的油渍抹掉。老总便问："那你为何不告诉工人擦拭三次机箱的目的，又是否不需要三次或者超过三次，才能擦拭干净？"生产经理顿时哑口无言。

针对这件事情，老总专门召开了生产部门管理团队会议。会上，他宣布该生产经理应接受处分，原因是他只告诉员工如何去"执行"，而没有让团队明确执行的成果到底是什么，只是生硬地要求擦拭的次数，将之作为规定，整个团队因此欠缺成果意识。员工错误地认为，执行的目的就是为了擦拭三遍机箱，至于成果则无须多问。在这样的"执行"文化下，员工为完成任务而完成任务，工作效率因此非常低下。

行军不是为了体验前行，而是为了抵达目的地。团队的执行，并非为了过程中的动作，而是为了最终的工作成果。因此，衡量团队能力的标准，应以执行效果为依据。判断团队价值高低，也是从执行的成效着眼。管理团队时，必须确保员工在执行之前，就对执行成功有明确认知。

任务不等于成果

在团队培养和管理实践中,最容易出现的误解是将任务等同于成果,进而导致成果意识的欠缺。

管理学家彼得·德鲁克曾说:"很多人倾向于解决问题,而不是实现成果。"长期以来,从成员到管理者,很多人的思维模式都停留在任务阶段。在任务思维影响下,他们认为工作就是不断由团队领导分配任务,再由团队成员加以完成。只要事情做完了,无论是否得到预期的结果,都是任务的结束。如果有所欠缺,那一定是因为外界环境条件不佳,例如资源没有充分准备、体系不够完善、时间紧迫等。久而久之,成员原有的士气消磨殆尽,执行过程也就无法向高效方向发展。

任务与成果的对比图,如图 3-1 所示。

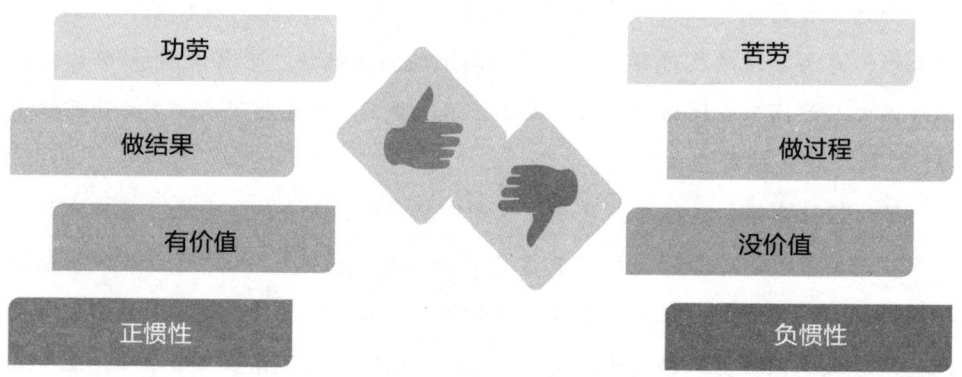

图 3-1　任务与成果的对比图

在图 3-1 中,左列为成果思维,右列为任务思维。

在任务思维下,成员只强调自己的"苦劳",因此片面追求过程的重要性,反而导致结果缺乏价值。这样的习惯一旦养成,就会对团队工作造成负面惯性。与此相反,在成果思维下,成员更关注努力会不会创造"功劳",更看重执行的结果是否有价值,这样的思维会对团队提升形成正面推动惯性。

管理者应让成员清楚,"做了"只是过程,并不代表"做到"这一最终结果状态。每个人都可以"做了",但只有正确的方法、良好的心态、充足的资源、准确的对象等一系列执行条件，才能让"做了"变成"做到"。

同样，"苦劳"虽有其重要意义，但并非执行的真正价值。执行不是为了让团队去"吃苦"，正如铁军的使命，并不是为了让士兵去牺牲。恰恰相反，执行必须有所成果，牺牲才能有所成就，吃过的苦才能变成对个人、团队和企业的重要贡献，"苦劳"才能最终转化为"功劳"。

团队管理应建立强大的成果思维，将之与任务思维区分开来，进而提高执行效率。为此，管理者必须注意以下两点。

1. 积极培养逆推意识

团队管理者组织成员开始执行前，应充分明确整个团队应达到的成果、个人为此应达到的成果。随后，采用逆推意识进行思考，即为了达到该成果，每个人和整个团队应如何一步步实现，直到逆推至目前起点。这样，团队成员就会明白自前手中的工作重点，了解高效执行能够带来的好处，进而提高个人执行力。

2. 以成果指导行动

在执行工作的过程中，管理者和团队不能以按部就班的心态来看待，而是以对最终成果的影响，来衡量自身和团队每个阶段工作的价值。如果不能以成果来衡量，就很容易出现工作不到位、效率低下等情况，进而影响整体执行水平。

成果思维的核心

市场只奖励有成果的人，这就如同挖井，最终能喝到甘甜井水的，必然是拥有准确追求的团队。

每个团队得到的执行任务都是挖井，但思维却大相径庭。有的团队将执行重点放在"挖"上，他们先选了一个地方，挖了五米，没水。于是又找了一处地方，挖了八米，还是没水。在这个地方不远处，他们接着开始挖，挖了十米，依然没水。于是他们精疲力竭地向团队管理者报告："挖了好几处，都没有水。"

团队管理者没有引导下属去重点思考"井"的问题，更没有让他们意识到，只有挖出"井"，才能拿到奖励。结果，整个团队都只想着"挖"，无法品尝到井水也就毫不奇怪了。

很多情况下，团队管理者总是将过多的注意力放在对成员行为的观察和评价上。例如，什么时间该做什么工作、何种环节出现何种问题……这些虽然是带领团队必不可少的内容，但其基础应建立在正确的奖励观上。只有整个团队懂得奖励来自成果的评价，他们才会带着成果意识去看重细节、学习方法、丰富经验。反之，他们就会成为亦步亦趋的"童子军"，只追求表面上让管理者满意，却不懂得真正的目标。

只有成果，才能让我成功。管理者应教导每一名团队成员，让他们意识到，执行看重成果，并不只是对企业负责，同样是对个人的发展负责。

无论是社会还是职场，个人都不可能脱离其所处的团队集体。当团队执行有了成果，成员个人既能从成果转化的绩效中，获得不断增长的利益回报，也能从成果带来的喜悦感中，获得精神层面的成长，更能因为获取成果的过程，而得到充足的执行经验。不断取得成果，每个团队成员将会有所收获，最终走向成功。

只有杜绝借口、执行到位的人才能拿到成果。为了获得成果，团队上下必须坚决杜绝借口思维、确保执行到位。

在真正的铁军中，"没有借口"是重要的行为准则。"没有借口"，培养的是每位团队成员竭尽所能拿到成果的能力，而并非在执行过程中随时随地寻找失败理由的习惯。

巴顿将军曾说过："善于找借口的人，必然在其他方面一无是处。"他曾在日记中记载，"一战"中，潘兴将军要求他去给豪兹将军送信，但他了解到的情报只有豪兹将军可能通过了普罗维登西区牧场。天黑前，巴顿赶到了牧场，从第七骑兵团的骡马运输队那里要到两名士兵和三匹马，然后顺着车辙前进。不久后，又碰到第十骑兵团的侦察巡逻兵，他们警告他前面可能有危险，但巴顿还是继续前进。途中，不断碰到的军官和士兵都说，峡谷里可能埋伏有敌人，而且也不知道豪兹将军在哪里。但巴顿还是做好了充分警戒准备搜索前进，终于找到豪兹将军，完成了任务。

日后，巴顿在"二战"欧洲战场上成为铁军领导者，正缘于此时他从不会将客观情况当成推脱的借口。杜绝借口思维，才能真正一往无前，创造成果。

在企业团队运行中，每个借口的背后，都隐藏着丰富的潜台词，很大原因是成员不愿意说出来，抑或管理者假装无视、不愿意去深究。这种借口思维会让整个团队如同麻醉，暂时逃避了困难和责任，但从长期来看，借口却扼杀了种种可能获得宝贵成果的机会。

例如，许多借口将"不""不是""没有"和"我"联系在一起，其潜台词就是"责任与我无关"，试图将问题推卸给团队中的其他人，甚至将皮球踢到团队以外。又如，一些借口实际上来自拖延的坏习惯，某些成员虽然看起来忙忙碌碌，但他们实际上是在将本来只需要一小时完成的工作拖到半天甚至更久。

针对这些情形，管理者必须一针见血地向成员指出，借口并不能帮助他们，也不能让他们获得奖励。越是习惯于寻找借口，就越是缺乏创新精神。管理者应提醒他们，寻找借口的人将会变得越来越因循守旧，固守以前的经验、规则和思维。

管理者也不应一味杜绝成员借口的习惯，而是要了解其思想根源。通常情况下，喜欢寻找借口的成员，或者是因为确实能力、经验上存在不足，或者是由于勇气和责任心不够。管理者应帮助和教导他们，有针对性地进行自我改变。对于能力和经验不足的成员，管理者应向他们指出，没有谁天生能力非凡，正确的态度应该是正视差距和不足，以积极心态去努力学习提升，从执行中学习，在学习中进步。对于勇气和责任心不够的成员，则应帮助他们端正态度，树立积极心态，以更主动的姿态、更充沛的精力去面对工作。

无论何种原因，只要成员能正确分析自己遭遇困难的主观原因，愿意着手去加以改变，团队管理者就应鼓励他们，赞许他们的改变，充盈他们的自信。当团队中每个人都开始远离借口，团队的成果思维才会占据上风，并让整个团队的精神面貌为之彻底改变。

02
培养责任思维,以高度责任感对结果负责

有人做过这样一次社会学实验,请演员分别在人多和人少的公共场合假装晕倒,以测试周围人的反应。实验之前,参与者曾推想过人多的公共场合中,会有更多的人伸出援手。但事实显示,越是人少的地方,施救者反而越是积极,在人多的地方,袖手旁观者反而更多。

之所以出现这样的结果,原因在于责任思维是否被激活。在人多的公共场合,人们之间更容易相互推诿等待,总认为责任并非由自己承担,因此,也就难以出现合理结果。而当人少时,救人责任明确落实到具体人员身上,他的责任思维被激活,伸出援手也就顺理成章。童话寓言中"一个和尚有水吃,两个和尚挑水吃,三个和尚没水吃"也表达了同样的意思。

团队运营中,执行力的高低与责任思维的强弱有很大关系。责任思维越强,整体执行力越高;责任思维越弱,整体执行力越低。

责任思维与结果导向

什么是责任思维?责任思维就是杜绝借口的执行思维。拥有责任思维的团队内,不会听见"假如"和"应该"。这样的团队中,成员不将成功与否归结为环境因素,更不会将遇到的问题推到别人身上。每个成员都会以高度责任感对结果负责,用于肩负创新重任,也敢于承担失败的后果。他们知道,即便失败,只要自己承担了结果,实际上也是对结果的改变。

相比之下,在缺乏责任感的团队内,成员各自为战而缺乏执行力,团队缺乏良好气氛和工作激情。其中各种问题,都归结为成员无法履行责任思维。这种不负责任的习惯,会导致成员之间逐渐丢失信任,导致合作关系的崩塌。

责任思维并不只是"我负责"三个字。除了有基本的责任心外,团队成员还应有充分的胆识和能力去对结果负责,即结果导向思维。他们不应只是在工作失

误后，用"我负责"来逃避问题，而是执行开始前，就对自身有清醒认识，寻找并调动一切资源，将工作做好。为此，团队管理者必须引导他们将责任和结果紧密挂钩。

在华为，各个团队坚持责任结果导向。从上到下的每个成员，都必须明确责任和目标，建立以责任结果为导向的价值评价体系，而并非以能力为导向。华为价值观认为，企业是功利性组织，团队只有拿出让客户和市场满意的产品，才是提交了正确结果，合格履行了责任。因此，团队的价值评价体系，必须建立在责任结果导向基础上，并以此形成成员考核机制。

华为创始人任正非强调，考核要看重对结果的考核，不要成为"扣奖金"指标。他说："如果成员做出了成绩，还要考我这，考我那，扣来扣去，钱都扣没了，谁还会为公司创造价值？考核指标KPI不能太多，如果成员的工作绩效很出色，工作时间喝咖啡为什么不可以呢？"

在这样的管理思想指导下，华为不仅看重责任思维，更看重责任思维怎样转化为结果。有一段时间，华为招聘工作片面追求高学历、名牌院校背景等，导致的结果是人员成本居高不下，人岗不匹配现象突出，无法形成合理的人才梯队，成员期望值较高，容易导致队伍不稳定和人员流失。同时，许多能力突出、工作经验丰富的人才，却因为学历等原因而被拒之门外。面对这一结果，华为人力资源团队管理层及时从源头强化了责任制度，调整了招聘标准，获得良好成效。

为了明确结果和责任之间的关系，华为还采取了正向与逆向考核相结合的办法，推行以正向考核为主，以逆向考核来明确关键事件的体系。其中，对每件导致了错误结果的事情，华为会重点以逆向考核去清理责任，找出问题的根本所在，然后针对不同责任成员加以改进。通过正向考核，则能发现那些积极履责的优秀成员，将他们培养为班底成员，避免了绩效考核中流于形式的问题。

对于业务素质较高，但责任意识不强、结果不够好的成员，华为也并未放弃，而是要求他们多进行具体工作，将业务能力转化为实际责任结果。华为团队管理层也认识到，金无足赤、人无完人，成员责任思维不够强，也有多方面的原因。例如，没有掌握或使用正确的工作方法，也可能是所处的岗位不适合，对于这样的成员，团队会给予更多机会，通过基层锻炼，帮助他们将优势转化为结果。

管理者和成员共同改变团队的命运，要从形成责任思维开始。责任是做好一切工作结果的保证。任何一名成员，只要愿意为团队利益着想，对自己的所作所为肩负责任，并能持续不断地寻找最好的结果，他们就能成为非常优秀的团队成员，团队也将因此而更容易成功。

勇于承担责任，是团队管理者必须积极提倡的工作精神。他应通过努力，让那些勇于承担责任、追求结果的人，被赋予更多使命，同时也得到更多收益。

为责任思维赋能

在铁军团队培训课程的交流中，有位团队管理者这样说："我一开始就告诉团队里每个人，如果有谁做错了事而不敢承担责任，团队就会请他离开。如果我变成这样，那么请把我也开除……这样的人，对团队合作没有真正的兴趣，也缺乏责任心，不够资格成为团队里的一员。"

管理者不仅要具备这样的意识，更要用实际方法为责任思维赋能。只有责任思维，才能让团队主动担负起自身责任，创造理应获得的结果。

1. 明确责任思维的重要性

通过管理者的引导，成员在面对工作时，都应养成专业态度，认识到对待工作的态度将直接影响工作是否能顺利完成。

在团队中，既有经验丰富、参加工作时间较长的老成员，也有刚刚进入岗位角色的新成员。管理者应提醒他们，责任思维对二者是同样重要的。

对于老成员而言，无论在团队工作多久，有过多少汗马功劳，都不应有倚老卖老、敷衍了事的态度，更不能随意推卸责任。而新成员刚加入团队，必须强化责任思维，不断追求成长和进步。

对目标不负责，就是对自己不负责。是否能通过达成目标、获得结果来完成自己的工作责任，不仅有关团队集体，更与成员自身的收入、发展和工作环境密切相关。团队管理者不能总是一方面挥舞着责任的大棒，另一方面又不让成员看到责任、结果与个人利益之间的关系。管理者应通过设定明确的考核制度，以及围绕对工作结果的检查、审核而进行的有效沟通，使成员充分意识到工作结果的目标，就是自己个人利益的一部分。

2. 团队要树立对成员的责任

团队是企业的一部分，而企业属于社会的组成部分，需要肩负应尽的义务，为社会的可持续、和谐发展做出贡献，履行社会责任。

在注重团队对成员的责任方面，管理者要突出以下几点。

（1）职责工作明确。完善团队自上而下的管理模式，在团队中制定并执行严格的规章制度，健全部门职能、岗位职责和工作流程。这样做并不能直接增强成员的责任感，但可以消灭成员推脱责任的空间。

（2）适当提高成员的个人收益。成员在团队中通过工作获得收入，这些收入首先用来满足他的生存。因此，个人收入是成员最关心的问题。如果团队能首先注重其个人收益，成员就会产生努力保住工作的需求，并为此认同团队文化，尤其注重责任思维的培养。

（3）尽可能满足成员个人发展。在满足生存需求后，成员的发展需求会越来越明显。此时，团队应该根据实际情况，制定能够满足成员个人发展的政策。如果成员在这些政策支持下，能获得自我价值的增长，他们就会更加关心团队发展。因为此时团队的前途已经和成员的前途紧密相连，成员对团队的责任感大大提高。

3. 管理者的率先垂范

责任思维的形成和执行，要求团队管理者积极扮演责任文化的带头人，他们应率先提倡、实施和落实能被团队成员认同的责任思维。如果团队管理者不树立典范，成员就会丧失信心。

管理者应带头执行责任文化，成为勇于负责、敢于追求结果的带头人，他们要把推动和传播责任思维作为工作的重点，在自身的工作中体现出责任思维，从而让所有成员都能围绕在自己周围，形成负责的优秀团队。

4. 增强岗位责任意识

责任思维是执行到位、取得成果的法宝。只有高度的责任感，才能执行到位。因此，责任思维的实施和执行，要与团队中不同小组、不同岗位之间的协作相互联系，让每个成员都感到自己肩负的责任，感到工作结果是自己的责任。

增强岗位责任意识，还要让成员彼此之间因合作关系而强化责任。当同事面对某个困难，其他人应该主动关心、共享资源、共同解决。当同事在工作中出现失误或不合格的产品时，其他人也应自然地意识到其中存在自身的责任，继而反思自己应承担何种责任，抑或哪些是因为个人原因而出现的失误和损失结果。

管理者应引导成员充分认识到，同属一个团队、一家企业，每个人的工作结果都并非孤立，终究会融合成为总体的结果。对同事岗位工作结果的责任思维，也正是对自身岗位工作的负责。

在推动岗位责任意识形成过程中，管理者可以实行核心责任人制。在团队的各个管理层级或临时成立的项目小组中，都应确定核心责任人。核心责任人是团队管理程序中的基本连接点，负责维系和衔接部门内小组与小组、成员与成员，以及工作与工作之间的关系。在相应范围内，核心责任人则担负全部责任。为此，他会倾尽全力去调动所有资源，以实现团队赋予自己的工作目标。

总之，团队执行文化的实施，应立足于责任思维的普及，责任思维是团队中最宝贵的黏合剂。如何将不同的人集合起来，朝着共同方向走下去，并自觉追求结果，其关键之处，就在于激发人的责任心。

03

培养挑战思维，胜己者胜一切

挑战思维作为重要的团队管理文化，在实践中不断发展，现在已经成为企业管理中不可或缺的重要内容，被称为"执行力的导航"。培养挑战思维，让团队相信胜己者胜一切，可以在关键时刻扭转团队的经营局面。

培养挑战思维，有五大要点，如图3-2所示。

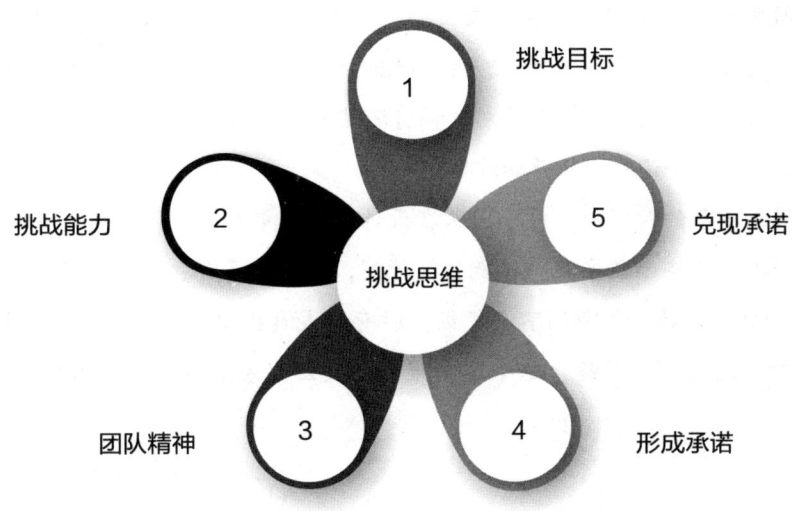

图 3-2 挑战思维

1. 挑战目标

团队除了需要坚定、明确和有可能达成的目标外,往往还需要面对具有挑战性的目标。之所以应具备挑战性,在于团队成员会因为完成某个具有挑战性意义的目标而感到自豪和兴奋,他们会为了获取这样的感觉而更加积极地工作,从而让团队高效率运转。

管理者的职责是激励团队向总体目标而执行努力,具有一定挑战性但终究能达成的总体目标可以很好地激发团队成员的执行激情。管理者理应和团队成员一起,共同制订有挑战性的目标和相对应的计划。

团队目标必须具有适当的挑战性,才能给成员适当的压力,调动他们的潜能和工作热情,才提高他们的执行素质,从而更容易接近目标。当然,即便是有意设立的挑战性目标,也必须是能够实现的有效目标。如果难度过大,看起来具有挑战性,做起来难如登天,这样的目标就会打击团队的执行意愿和效率,无法让团队真正凝聚起来。

美国汽车之父亨利·福特,曾设想过有关新型引擎的研发计划,这就是后来为世界所熟知的V-8型发动机。最初，当福特将这个目标告诉设计师团队时，所有人在听完描述后的第一反应就是："这在理论上是不可能的，是彻底的空想。"然而，即便遭到了团队的一致反对，福特还是将V-8型发动机设定为团队的挑战性目标，要求整个设计团队开始这项工作。

在随后半年的时间内，整个团队在设计和研发中度过。团队成员不断提出新的计划，随后又在不断实验中推翻这些计划，项目却没有取得任何突破。福特不断参与其中，鼓励工程师们不要气馁，对有些成员提出的质疑，福特不为所动，要求继续推进研究。最终，这个团队成功研发出代表当时最高实力的V-8型发动机。

管理者要想建立高效执行的团队，需要让团队看到有挑战而能实现的目标，从而为其中每个人指明方向。在制定挑战性目标时，管理者可以从以下几个方面着手。

（1）充分熟悉团队的基本情况。管理者应充分熟悉团队成员的优缺点，知道其中谁执行速度较快、谁更为细致、谁更为谨慎等情况。只有这样，才能在执行过程中让他们相互取长补短，弥补对方的不足，提高工作效率。

（2）确定团队目标。通过对团队成员的了解和沟通，对团队挑战性目标的内容、目标责任的分配等进行修正。尽管管理者很难让全体成员都完全赞成团队目标的内容，但起码应能先求同存异，形成被全体成员基本认同而接受的挑战性目标。

（3）围绕挑战性目标交流。在执行过程中，管理者不应忽视成员的感受，而是应该了解团队成员对所追求的挑战性目标的看法和意见。管理者应倾听他们的想法，并对其中有价值的意见和建议进行相应记录。在安排工作时，也应尽量避免不同看法的成员相互协作，避免他们产生矛盾，影响对挑战性目标的追求。管理者也需要就挑战性目标的价值、意义以及执行过程中的问题，表达自己的观点，从而让成员了解你对目标的想法。

（4）及时鼓励成员。当团队成员在执行中遭遇失败时，管理者不应简单处罚了事，而应和他们共同探寻失败的原因，寻找解决问题的方法，鼓励他们向已经有成果的团队学习。通过管理者的有效鼓励，团队成员能在相互帮助中学会更好地配合，从而达成任务目标。

制定高目标，就等于达到了目标的一部分。在团队中，每个人的潜能有很大部分来自自我加压。如果不懂得"强迫"自己和成员，团队就永远不清楚其整体能力，永远无法发挥出巨大潜能。

2. 挑战能力

市场、社会与企业在不断变化，唯一不变的就是变化。当世界高速前进，跟上其节奏或者被它远远抛在脑后，成为团队仅有的两个选项。团队之间的竞争，也不仅仅是现有资源的竞争，而是快鱼和慢鱼之间的成长竞争。成长速度越快的团队，越是有资格赢得奖励，而决定成长速度的关键，在于团队是否具备了挑战的能力。

成长属于变革，变革则必然带有挑战。是否敢于应对挑战，迎接挑战对能力的考验，是每个团队跨越成长障碍的关键。所有的铁军团队，都是在挑战原有极限成功后，获得了他人所无法获得的能力，并由此获得大幅度的成长。因此，每当团队顺利迎接一次挑战，能力就会增加一次。挑战能力的成功，代表了团队格局与高度的升级，也代表管理者的成就在增长。

拿破仑有一句名言："我的词典里没有'不可能'！"在属于他的时代里，他的雄心壮志远超过他的身高，他不断挑战麾下团队的能力，带给他们新的执行目标。最初，他决定远征埃及。隔着浩瀚的地中海，征服埃及谈何容易？法军既没有制海权，还需要深入埃及的沙漠作战，这些都远超过了当时法军团队的能力。因此，所有人都认为这根本不可能。但拿破仑依然为团队指明方向，继续挥师南下。

果然，征服埃及是一种严酷的挑战。法军海军刚接近海岸线就遭到迎头痛击，几乎全军覆没。但当拿破仑率领的援军登陆后，成功地击败了阿拉伯奴隶骑兵，获得了埃及战役的胜利。

作为管理者，必须为团队能力的提升负责。团队成员想要提升能力，但如果没有人去考验他们，团队前进的基础就不复存在。管理者必须为团队准备好工具，同时准备好"试题"，让每位成员正确对待挑战，以做出正确决策。管理者必须为这样的长远计划充分准备，从当下开始为挑战能力而铺平道路。

管理者应该清楚地传递出对团队和每位成员能力增长的期望，从而搭建挑战舞台。无论是团队中的老成员还是新成员，在面对问题时，都需要结合现有能力去衡量目标，再付出时间和精力。因此，管理者帮助他们确定的目标和标准必须清晰明朗、毫不含糊。随着能力的提升，管理者的期望也必须随之改变和提高，但必须保持清晰和明确。

为通过挑战来培养团队更高的能力，管理者需要确定高标准，更需要探索出达成目标的方法。当挑战目标与衡量标准相结合，团队成员就会力争最佳，以获得挑战的胜利。

3. 团队精神

团队的挑战思维。首先是一种团队精神，即在优胜劣汰的市场规则下，用创新和拼搏，推动自己和团队在劣势环境下成长。管理者应意识到，竞争是残酷的。无论是成员还是团队，都必须面对强烈的竞争才能生存与发展。学会顽强生存、自行独立，保持坚韧、发现机遇、忠于团队，甚至在必要情况下为了集体利益而进行个人牺牲。具有忧患意识、领头意识、战术意识等，从而通过执行发挥其中每个人的最大价值。

对团队执行者的管理，不应该是强迫式的。不应利用管理权力和地位去强行控制他人，而应该表现为自我管理后的带动作用。正如一场真实的体育比赛那样，管理者既是队长，也是教练，他必须以自我工作态度的转变、技能的提升，体现出更强的意志力、更好的力量掌控度、更大的爆发力等。

具体而言，团队精神主要包括以下几个重要方面。

（1）体现在团队追求目标永不言弃的精神上。当管理者确定目标后，团队成员就能秉持敢打敢拼、百折不挠的作风，不仅会克服一切困难坚定追求目标，甚至还能超目标完成任务。

（2）体现在合作精神上。狼群在捕猎过程中，通过相互合作，协同行动战胜强大的对手。

重视团队执行力的管理者，应更多考虑采用矩阵式的内部管理模式。要求团队内部各小组、各岗位之间相互配合，通过形成的合作网络，对任何问题和困难做出快速回应。在工作安排上，也应更多采取任务小组的模式，对小组为单位的成员群进行整体考核，确保风险共承、荣誉共享、责任共担。

（3）团队精神还体现在超强纪律性上。以团队管理者为首，服从命令，善于团队作战。工作中配合紧密，纪律严明。

4. 形成承诺

在团队中，推崇挑战，就意味着形成承诺。团队的承诺文化至关重要，因为承诺是杜绝借口、迎接挑战的最重要武器。当管理者将承诺文化赋予团队后，每个团队成员说到做到、言行一致，团队才能真正通过挑战实现想要的结果。如果团队无法形成承诺，成员言行不一致，团队就会缺乏执行力，难以赢得挑战。

在团队中打造良好的承诺文化，管理者应要求成员凡事需做出书面或集体的承诺。在承诺时，成员必须考虑到两方面，即"实现承诺有何奖励""违背承诺有何惩罚"。管理者提供给成员的奖励，必须是其真正想要的，否则成员就会没有动力。惩罚也一定是其所害怕的，这样他才会重视自己的承诺，努力趋利避害，摆脱不良后果。

当奖惩明确时，成员将更加重视自己做出的书面或公众承诺。他们会想方设法完成承诺，并因此和团队目标达成共识，将团队的业绩目标转化成为个人目标，有更大的动力投入工作。

5. 兑现承诺

想打造团队执行文化，就应提倡说到做到。为此，管理者也应重视自己的承诺，即在第一时间兑现奖惩行为和资源分配。

例如，在很多团队中，少数成员未能创设挑战、完成任务目标，他们只是看起来在很努力地工作。为此，管理者不忍心批评或处罚他们。表面上，这样的管理者很"人性化"。但实际上同样未能兑现承诺，这不仅对其他优秀的团队成员不公，也不利于少数成员的成长。

因此，管理者必须学会"对事不对人"，在第一时间履行职责。管理者需要按照团队制度，积极奖惩并分配资源。当管理者成为第一个承诺的人以后，团队成员会随之效仿，他们不仅会带着奖惩激励效应去面对工作，更会履行自己对同事、集体和客户的承诺。而当团队集体拥有承诺守信的价值观后，企业的挑战能力才会随之愈加提高。

在团队中，挑战思维意味着"只有逼自己一把才知道自己多优秀"，意味着"不挑战自己永远只能原地踏步"。管理者应教导成员，"战胜自己是最伟大的胜利""胜己者胜一切"。

04
执行力落地的七个方法

让好的执行方案落地，才能形成团队的强大执行力。想要让团队共同走上事业的巅峰，管理者必须抓紧时间做好每一件事，积极寻找让执行力落地的方法，并获得团队成员的积极配合。

执行氛围的营造

执行力的落地，不能依靠强硬命令，而是需要成员在适当氛围内的耳濡目染，形成凡事追求成果落地的习惯。

为了营造良好的执行氛围，应主要注重运用以下几种方法。

1. 赏罚分明的奖惩机制

对团队执行力的有效管理，离不开赏罚分明的奖惩机制。当成员完美实现执行目标甚至超额完成时，团队管理者要不吝奖励。当成员未能完成预定目标时，就要进行惩罚。如此，团队才能深度激发出每个成员的潜力，并在团队中形成成员自发相互追赶比拼的竞争意识，推动所有成员共同进步。

例如，利用每月团队会议，对业绩排在前面的成员进行公开表扬，并给予丰厚奖励，同时要求他们分享自己的工作经验，使得这些优秀成员获得优越感。业绩排在后面的团队成员，也必然会想方设法地不断超越，朝向第一的位置努力追赶，以形成良性竞争的团队执行氛围。

同时，管理者也要恩威并施，让成员敬畏和信服，愿意服从管理。对那些没有积极执行完成目标的成员，一方面应提出严肃批评，向其传递自己的失望感；另一方面还应设法积极安抚他们，让他们明白批评并没有恶意，而是为他们和团队的未来着想，帮助他们找到问题所在并加以改进。

2. 发挥优秀模范作用

当团队成员越来越多时，管理者不可能总是有足够的时间、精力去和每位成员进行充分交流沟通，也不可能去扶持引导每个成员。此时，最明智的落地方法，是重点引导几个优秀的团队成员，树立典型和标杆。借助这些优秀成员的榜样作用，激励团队中其他成员不断进取。

当团队中大部分成员表现不够活跃时，管理者更应重点引导培育两三个较为活跃的成员，私下里多和他们沟通交流，必要时倾斜资源，帮助他们快速成长，鼓励他们多和其他成员沟通，以带动团队集体内部的交流互动。

打造高执行力的团队，并不需要管理者事必躬亲，而是要充分发挥优秀成员的榜样作用。通过重点扶持团队中前20%的精英，能感染和激励整个团队的执行情绪，从而确保执行的落地。

3. 传播积极向上的正能量

执行落地看似容易，在实际操作中并不简单，需要管理者持续为团队打气。无论管理者还是成员，在团队中都应该传播积极向上的正能量，摒弃一切不利于激发成员斗志的负面内容。各成员在交流时，不论业务做得如何，都应尽可能传播积极向上的态度，相互鼓励打气，让团队成为获取执行能量，重筑信心和斗志的港湾。

例如，当成员抱怨某件工作太难，影响自己的业绩时，如果任其传播或盲目跟风，就很可能导致其他成员也抱怨自己碰到的问题。这样，团队中就会逐渐充满负面情绪，影响其他成员的信心和激情。

管理者应引导成员改变在执行中抱怨的习惯，这除了带来消极情绪之外并无益处。团队成员只有努力培养自己积极向上的心态，用奋斗精神来化解执行中的难题，才能让执行真正落地，同时带来良好的团队气氛。

4. 定期检查执行的成果

管理者应制定阶段性的执行目标和检查标准，并确保检查过程的公开、公正。尤其在对成员执行成果价值的判断上，应遵循基本原则，即从结果出发，而不从过程出发进行评价判断。

定期检查过程中，管理者应多看成员的执行成果，其评价标准必须随时围绕执行的预定目标。如果没有完成，需要团队成员提交分析报告，分析自己为何未能完成目标，并寻找改善的方法。如果在下一阶段的检查中发现仍未达标，就应采取较为严厉的惩罚措施。

执行流程的革新

在 F1 方程式赛车比赛中，当赛车时速达到 200km/h 以上后，高速的摩擦会迅速消耗车胎，因此，必须在比赛期间进行车胎更换。然而，比赛是争分夺秒进行的，更换车胎的时间有多长呢？答案是惊人的 3.2 秒。

在短短的 3.2 秒钟内，整个团队接力进行工作。第 1 秒，工作人员拔起车胎。第 2 秒，新车胎已经就位。第 3 秒，车胎扣上确保安全。随后，赛车迅速驶出更换站台。正是这种严谨科学的流程，确保了执行力的落地。

在团队中，并非预先设定了工作流程，执行力就必然获得落地。不少企业团队中，流程内容制定了很多，但执行力还是无法提升，其关键在于流程设置繁杂，无法切中要害，导致执行困难重重。例如，团队完成某项工作原本只需要三个步骤，但流程环节划分过细，衔接太多，进而也就会导致执行效率的降低。因此，优化执行流程是执行力落地的重要保证。

麦德龙公司是位列世界前列的量贩式超市集团。为了提高企业服务团队的执行力，这家企业尤其注重采用流程化管理。在实行团队流程化管理时，他们非常重视撤销不必要的环节，精简不必要的环节，扫除执行落地过程中的障碍。

麦德龙在我国开设了近百家商场分店。如果按照传统的执行流程，分店与仓储位置相对独立,且通常会相隔一定距离。这样,会导致门店补货效率受限,成本也会更高。麦德龙在其每一家分店设计上,都做到了将门店和仓储合二为一,目的在于保证迅速补货,缩短补货时间,节省补货成本,提升补货效率。因此,在实行分店和仓储合二为一的流程管理模式后,补货环节的执行力得到了充分保证。

此外,麦德龙在国内的所有门店,都共用同一个采购部门。在采购执行流程中,通过集合订购方式,确保不同门店的货源充足,并能获得更多的定价优惠。一旦采购部门为某个分店订购货物后,货物就会直接运送到该分店的仓库。当任何一家分店缺货,也能做到及时充分地补货。

从麦德龙精简的运营流程可以看到,通过流程优化,想方设法减少不必要的环节,就能坚守执行步骤,确保执行力最快到位。对比很多中小团队,管理者不难发现,流程繁杂、环节过多是执行力落地的阻碍。虽然很多团队看似实行了流程化管理,却没有达到预期的落地效果,这是因为其存在执行力低下的问题。

通过优化执行流程完成执行力的落地,主要应利用三种方式,如图 3-3 所示。

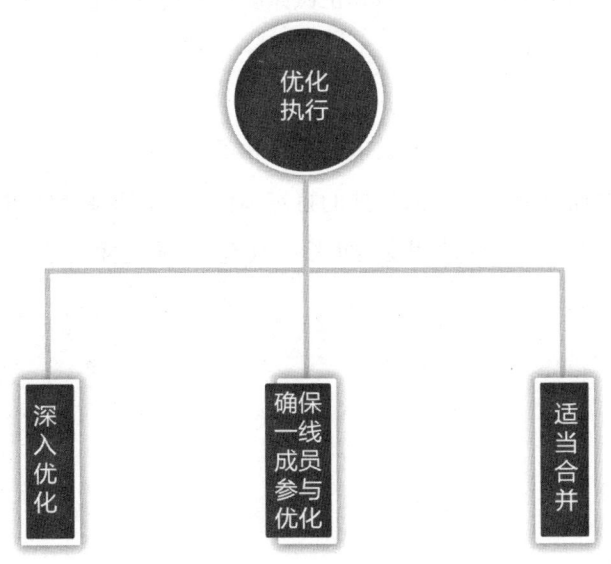

图 3-3 优化执行流程的主要方式

优化执行流程的主要方式主要包括以下几个重点。

1. 深入优化

流程中的步骤、环节没有针对性、可行性，泛泛而谈或重复执行，导致团队成员整天背着流程的压力前行。此外，流程中的规定过于细化和局限，其中有些环节原本没有必要，却被写进了团队规章制度。这导致团队必须安排更多人员负责每一道工序，不仅增加了人力成本，还由于人力过多，相互间协助配合难度加大，不利于执行的落地。

执行的流程化管理，是为了将原本复杂的工作简单化，将烦琐的工作精细化，将混乱的工作程序化，而不是人为地将简单事情复杂化。在设定执行流程时，必须考虑流程是否足够精简，是否能进一步优化。只有深入优化的流程，才是最佳的流程，带来落地最快的执行效果。

2. 确保一线成员参与流程优化

每个团队必须面对不同工作，每项工作都有一定流程。对于这些流程，了解最深入的是其一线成员。在优化执行流程时，管理者需要将优化流程的任务交给一线成员，让他们提出看法，从而真正做到减少执行流程的环节和步骤，同时又不影响执行效果。

3. 适当合并

如果一项执行流程中有一个或多个环节相类似，或某些环节费时费力，团队不妨将几道工序加以合并，交由单独的特定岗位负责。这种合并的策略，能够节省大量的执行成本，将优化流程变得更接"地气"，更直面问题。

高效能团队

第四章

做事不找借口，执行的九大要领

团队组织执行过程中，有不可或缺的三大内容，即正确的因素、正确的目标、正确的方法，分别对应执行资源、执行对象和执行过程。团队管理者围绕三大内容的要求，带领团队成员，遵循要领和法则加以执行，能杜绝团队寻找借口的可能性，保证执行结果的完美。

01
时间节点

在你的团队中,是否出现过下列情况?成员需要给客户打的电话,总是打不通?成员看着堆在办公桌上的文件越来越多,却始终不肯着手从具体的一件事做起?成员是否总在瞻前顾后,不愿迈出行动的脚步?

没有时间节点的目标,实现就会变得遥遥无期。团队执行过程中,拖延现象屡禁不止,造成执行成功的时间不断延误。这表面看是团队成员个人的拖延习惯,实际上是整个团队在执行过程中忽视了时间节点这一重要因素。

对时间节点的忽视

如果管理者未能重视时间节点,团队成员就是会将完成执行的时间节点定到"明天",在"明天就能提交"的自我安慰中,度过一个又一个今天。殊不知,执行的时间资源不断流逝,当团队成员将今天应完成的事拖到明天去做,这个"明天"就很可能将团队的执行力葬送在今天。

团队执行中,忽视时间节点的行为有轻重程度之分。通常而言,团队有可能将事情拖延到一定时间,随后赶在最后期限之前完成。由于未能造成严重后果,管理者经常会忽视其中问题。但实际上,这是典型的自欺欺人行为,因为团队总是在最后的时间内完成工作,就总是能拥有"时间不够"的借口,来应对不佳的执行效果。类似的执行问题,还有如下表现。

1. 得过且过

面对较为困难、复杂的工作,团队成员容易产生拖延心态,认为事情只要拖下去,最终总能解决。于是,他们不到最后时间,绝对无法集中注意力处理执行。

2. 过分自信

有些团队成员,认为自己工作能力突出、经验丰富,觉得越是压力大,效率反而会越高。在从拖延、紧张到解决的过程中,他们反而能找到一种克服挑战的乐趣,享受最后关头的高效感。这种过分自信的态度,忽视了团队的集体需求,加大了风险程度，在百密一疏下，可能会出现错过执行最佳时间节点的问题。

3. 害怕开始

团队中有些人欠缺自信，总是担心自己能力问题而不敢动手执行。这种总是在逃避的心理，会让他们更易产生挫败感。当管理者催促、同事质疑时，他们又总是会在执行中不断检查错误问题，导致效率越来越慢。

4. 追求完美

有些团队成员总想尽力做到最好。他们对质量完美的追求超过了对效率的把控，总是会拖延到最后一分钟才行动。这经常导致团队错过时间节点未能行动，或者花费的时间超过预期。

世界上所有的成就，都是由一个个时间节点塑造而来的。忽视时间节点的重要性，就无法把握执行、放眼未来。

高效规划时间节点

效率，就是企业最大的竞争力。同为团队管理者，有人能做到游刃有余，带领团队执行得井井有条，有人则终日忙于应付，总感觉时间不够，更不用说必要的休息和空闲。而前者的工作成绩，却往往比后者更好。其中区别，在于管理者对时间节点的规划能力不同而产生。

铁军团队训练课程班中，培养出不少时间节点的规划高手。根据一份统计结果显示，这些团队管理者每天花20%时间和主要客户、领导或成员沟通，花30%时间在协调和会议上，花10%时间用在邮件、电话联系上，花5%时间在文件整理、审阅上。剩下的时间，用于处理团队中最紧急而重要的事情，以随时把握时间节点，规划好完成任务的进度。除此之外，他们每天还会留下一些空余时间，用来处理可能出现的突发工作事件。

这些优秀管理者对执行时间节点的规划能力，值得每个团队管理者学习。时间规划力是团队管理者和成员需要具备的重要能力素质，对执行的合理调度、加快执行进度、提高执行效率有着积极的推动作用，能推进执行的规范化进程。

在开始任何执行行动之前，管理者和成员都应考虑好如何推进执行，以辨别事情的轻重缓急，从而让执行更加流畅顺利。这样的能力，称为时间节点规划力。

提升时间节点规划力的主要方法，如图4-1所示。

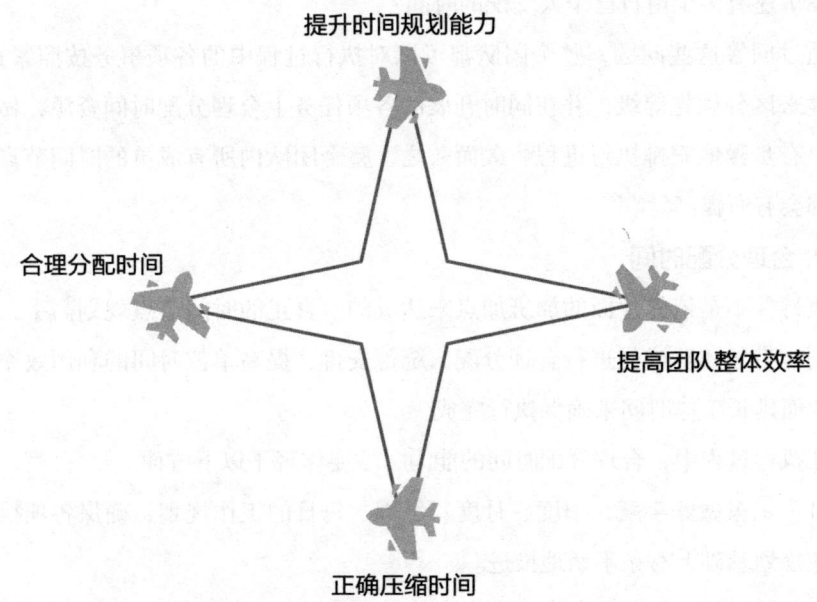

图4-1　提升时间节点规划力的主要方法

提升时间节点规划力的主要方法有以下几点。

1. 提升时间规划能力

执行中有关时间节点的统筹规划，一般会涉及时间分配、工作规划、计划、方案的构思制作等，同时也牵涉到团队内外人际关系、组织关系、供求关系、配合关系的协调以及各种资源的合理配置。这些工作的时间进度安排设计，需要管理者具备框架结构式的思考方式，并将之灌输给团队成员。

例如，团队管理者应从自身做起，带动成员每天都要弄清楚以下问题。

（1）今天有哪些工作需要交接、沟通或上报？

（2）什么时候、向谁进行交接、沟通或上报？

（3）哪些资料需要准备就绪？

（4）哪些流程环节是新开展的？

（5）对昨天的哪些结果进行核验确定？

（6）有多少邮件、电话需要回复或发起？

（7）上述工作总共需要花费多少时间？

（8）还有多少由自己个人支配的时间？

通过回答这些问题，整个团队都可以对执行过程中的各项事务按照紧迫性、重要性来区分优先等级，并在同时开展的各项任务上合理分配时间资源，做到有计划、有步骤地安排执行进程。久而久之，整个团队内所有成员的时间节点规划能力都会有所提高。

2. 合理分配时间

执行并不是依靠片面的加班加点来达成的。真正的时间节点规划高手，会以身作则，带领团队成员进行合理分配，统筹安排，提高单位时间的利用效率，而并非片面延长工作时间来确保执行完成。

在执行过程中，合理分配时间的能力，主要体现于以下方面。

（1）积极做好年度、季度、月度、每周、每日的工作规划，确保各项执行工作能在规划基础上有条不紊地推进。

（2）随时检查团队和个人日程表中的任务，便于进行统筹协调安排。

（3）引导团队最大限度地利用好时间，并在合适的时间内完成合适的任务。

（4）积极分析任务并进行归类，按照"重要与否"和"紧急与否"两大维度归类。

3. 提高团队整体的效率

如果想按照时间节点要求，顺利完成项目，管理者必须学会提高团队整体效率。无论管理者个人能力多强，也需要团队合作才能实现这点。

海尔创始人和总裁张瑞敏曾说，想打造一流的企业，必须拥有一流的工作效率。海尔初创时，国内企业团队管理普遍存在过程控制不细、生产投入与产出之比不合理的严重情况，经常导致效率低下、时间延误。为解决这一问题，张瑞敏提出了"日事日清"的要求。

所谓"日事日清",即团队每天对各种消耗和质量问题进行清理,找出原因,落实责任。只有团队做到"日清",才能下班。张瑞敏不久就发现这是非常实用而有效的办法,能够有效提高团队效率。于是他加以总结推广。之后,他又借鉴了日本企业的管理方法,提出具有海尔特色的 OEC 管理模式,即海尔模式。

OEC 管理法是一种全方位优化管理法,所谓 OEC,包括 Overall(全方位)、Everyone(每人)、Everything(每件事)、Everyday(每天)、Control(控制)、Clear(清理)。简单而言,即"日事日清、日清日高"。在这一管理法中,团队内上至总裁,下到一般成员,均将每天作为时间节点,明确自己执行的内容、数量、标准和效果。此外,当天发现的问题,也会遵循系相同原理,在当天被解决。

正因海尔明确了时间节点,提高了团队效率,才成为中国第一个真正走向国际的家电品牌。

想要打造一支高效率的团队,管理者应从以下几个方面入手。

(1)明确定位自身和每个成员。在任何团队中,团队管理者都不能有太强的个人英雄主义。否则,整个团队对时间节点的关注力度就会下降,成员就会变得"指望"管理者来规划和催促,难以发挥应有的注意力。团队管理者应促使成员明白,他们自己才是执行的主体,而不是被动跟随者。

(2)建立信息沟通的渠道。管理者应帮助团队内部积极建立信息沟通渠道,鼓励团队中的成员进行及时有效的沟通,确保信息能以最快的速度上传下达。当信息共享的障碍得以消除后,就能有效地调整团队执行的节奏和步伐。

(3)适当加强对团队的监督管理。如果没有必要的监督管理,团队执行的质量和时间,就难以得到保证。任何时候,团队管理者都不能放任团队成员完全自主行动,否则就很难保证时间节点被严格遵守。

团队执行效率高低,很大程度上取决于团队管理者是否能有效监管团队。一个好的团队管理者,能通过自身的监督管理工作,影响团队成员,调动所有人的工作积极性和工作热情。

4.正确压缩时间

每一次项目的执行,都会有一定的时间限制,以此形成时间节点。团队管理者作为团队的领头人，应该对执行流程完成所需要的时间做出正确估计。每一次完整的执行流程，必然会包含很多小的环节，但整个执行流程所需要的时间，并不等同于所有小环节完成时间的简单相加。因此，团队管理者应懂得在执行中进行调整，保证节点规划的科学性，懂得压缩时间，使执行能按时完成。

想要对时间节点进行正确压缩，团队管理者可从以下几个方面入手。

（1）将工作分派下去，由不同小组负责人或岗位负责人，对时间节点进行预估并提交。这种做法一方面能提高团队成员的工作责任感，另一方面也能尽可能少地避免时间误差。因为团队管理者个人的工作精力是有限的，仅凭其一个人对执行时间进行估算，难免会出现误差和漏洞。

（2）充分考虑到执行过程中的意外，提前留出备用时间。在项目执行过程中，很容易产生一些意想不到的情况。团队管理者应留出充分备用时间，确保整个执行过程不会受到太大影响。

（3）应充分考虑团队成员的工作能力和效率。管理者应充分针对现实，从团队成员的能力和效率出发，确保执行的顺利。忽视现实，一味赶时间，表面上看符合了时间节点，但实际上难以保证执行的质量。

正确规划时间节点，可以明确团队中每个成员的责任，也能让执行始终处于掌控中。想成为优秀的团队管理者和成员，就必须学会把握和控制时间节点。

02
永不放弃

放弃者没有执行力，拥有执行力的人才会咬定目标不会放弃。那些拥有执行力的团队成员，总会想方设法地完成任务。在团队提高执行力的修炼中，管理者必须赋予其成员重要的抗压心态，即使工作中遭受三番五次的挫折、打击甚至失败，也依然能做到永不放弃。

在执行中，团队有时可能不断遭遇困难，成员会产生抱怨情绪，管理者甚至会倾向于放弃。此时，管理者不妨换位思考，如果你是第一次接手这个团队，是否也会如此轻易放弃？如果你是刚进入这个团队的成员，是否又能接受这种放弃？在如此思考后，你将会重新找回不达目标不罢休的执着心态，远离退缩情绪。

无论是普通成员还是管理者，许多团队失败的关键，在于内心虽有志于成功，但在遭遇多次挫折打击之后，就选择了放弃而不肯再次努力去求得成功。殊不知，团队只要在你的带领下再坚持一点、努力一点，就能获得执行的成果，而不是与其擦肩而过。

从成功的创业团队管理者身上，可以看到很多优秀的品质和精神，其中共同点在于永不放弃的执行能力。所谓永不放弃，即无须来自外界的压力，就能出色地坚持下去，直到成功。能够做到这一点，意味着团队也会在管理者的带动下，有信心、有决心去执行完成。

永不放弃的品质，主要表现在以下几个方面（见图4-2）。

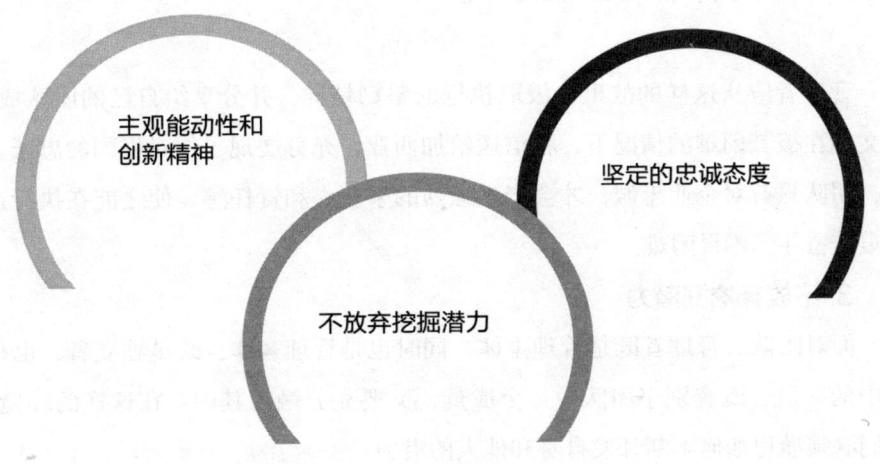

图4-2　永不放弃的品质

1. 主观能动性和创新精神

在工作中，团队拥有永不放弃的主动精神，就会为了完成任务而充分发挥主观能动性，克服艰难险阻。能够带动团队做到这一点的管理者，才是值得信赖的管理者，才是推动团队发展的建设者。

永不放弃，还包括源源不断的创新精神。在遇到困难时，管理者不可能总是胸有成竹，知道每个步骤应如何完成。但是，他们应懂得继续深入细致地思考，主动寻找和发现答案，摆脱既有的陈旧思维模式，以充分考虑完成执行任务的各种办法，从中选择出最好的类型。

2. 坚定的忠诚态度

永不放弃，还需要团队树立对企业的忠诚态度。

在《致加西亚的一封信》书中，作者讲述了这样的真实故事。1898年4月到12月，美国与西班牙的战争期间，美国总统必须立即和反抗西班牙的起义军首领加西亚取得联系。然而，加西亚当时身在古巴丛林，根本没有确切地址。总统找到安德鲁·罗文，要求他找到加西亚。罗文不知道加西亚在什么位置，但他克服了丛林、山峦的险恶，面对猛兽、蚊虫和敌军巡逻的艰难险阻，在密林中迂回前行了三周，终于找到加西亚完成了任务。

管理者应从这样的故事中汲取执行的坚韧精神，并分享给自己的团队成员。罗文能在极其困难的情况下，将信送给加西亚，充分展现了他对祖国的忠诚。同样，团队只有对企业忠诚，才会产生强烈的事业心和责任感，使之能在执行过程中艰苦奋斗、不畏困难。

3. 不放弃挖掘潜力

面对团队，管理者既是管理主体，同时也是管理客体，既是独立者，也是团队中的一员，既有别于团队中每个成员，又要充分融入其中。在这样的环境中，他们必须懂得如何不断开发自身和他人的潜力。

不放弃、不抛弃，是电视剧《士兵突击》里士兵许三多的口头禅。这句口头禅不仅对个人有用，对于追逐梦想的团队也同样非常有用。

在铁军团队培训课程中，有一位从事销售工作的学员，当他领悟到不放弃、不抛弃的真谛后，他决定从自身做起去挖掘潜力。他从客户名单里挑出最难打交道的，然后亲自拜访，面对那些以"有事出去"为借口推脱的客户，他问清楚对方会出去几个小时,然后坚定地在门口等待他们回来。就这样,他不放弃、不抛弃的态度打动了客户和成员,也挖掘出整个团队的潜在价值。

  人类的潜力,像流淌在地层深处的水流,而日常面对工作中的种种困难,则是河流表层的混浊水层。浊水价值不大,但只要坚定地向下挖掘,就能找到清流。对比当下企业状况,大部分时候,团队成员和管理者都生活在"表层",被淹没在浅显信息中,而有用的能力是需要花费一定时间和精力去加以获取的。

  为此,管理者应从引导成员做一些挑战自我的事情开始。例如,每天坚持做一件原本认为自己难以完成的事情,并把事情做好。同时,还可以发现团队中的不足,再加以完善。

  通过类似措施,无论成员目前处于团队中的何种职位,都不会停止学习和自我提升,并持续挖掘自身潜能。

  挖掘自身潜能,需要学会分析自身优势,反思自己的不足,同时还要不断进行自我暗示。管理者应清楚,当团队成员情绪相对稳定时,引导他们进行自我暗示,会在潜意识中产生更强烈的作用。

  每个人的潜能都是无限的,团队潜能更是如此。管理者应鼓励自己和成员更自信一点、更好奇一点,坚持挖掘自身潜能,就很可能会发现执行过程中的意外与惊喜。只要不放弃追求进步,所有的困难都会最终消弭一空。

03
信守承诺

  信守承诺,意味着"要么不说,说了就要做到",这是成熟团队执行文化的重要特征,它证明团队内部的信任感,更能使外界相信团队会去达成目标。具体到个人,信守承诺在团队中也是让成员备受重视的能力,更能让管理者受到所有人的尊重。

王经理是一家专业商业服务公司的团队主管,她来参加铁军培训课程之前,团队内传来不和谐的声音,下属觉得她"说话不靠谱",即在信守承诺方面能力欠佳。原来,当公司将一个大项目交到她手中时,她总是全身心投入,事无巨细地亲力亲为,甚至超过了她应该过问和控制的程度。

王经理一方面表示说,自己确实很乐意授权给下属,让他们来完成项目的重要环节。但另一方面,她又表现得非常勉强,担心下属无法将工作做得足够好,或者忘记提供与工作有关的重要信息。

不仅如此,王经理的想法经常发生变化,工作环节的优先顺序、执行的安排重点,经常都会发生变化,这也导致成员无法和她顺利地沟通工作进展。表面上,她似乎很少背弃承诺,但她总是在不自知地失信于人。

在团队中,大多数成员尽可能地适应她这种作风,他们相信王经理的动机是好的,只是领导力欠缺。但新成员却不断看到她信用不够的缺点,并给她贴上"说话不靠谱"的标签。随着新成员越来越多,团队内小组与小组之间、岗位与岗位之间也开始频繁出现类似王经理的问题。

通过在铁军团队培训课程的学习,王经理意识到,承诺不仅是管理者提升领导力的重要品质,也是团队成员成功合作的基础。她开始转变自己的言行习惯,养成遵守承诺的工作习惯,重新建立起信任感。

诚信是人与人共同协作的基本准则,也是团队内部沟通的桥梁,是建立友好信任关系的基石,同时代表着团队的尊严。对于那些无法信守承诺的人或团队,或者会遭遇不断地否定,或者会在执行中遭遇更多困难、绕更多弯路。

"人无信不立",在复杂多变、竞争力日趋激烈的当今社会,一个人想要在团队内安身立命,诚信是非常重要的。而一个团队想要提高执行效率,也同样离不开诚信。因此,团队无论何种承诺,都应在第一时间加以兑现,而不能空喊口号。正如铁军定出的目标,就要用生命去捍卫。

诚然,百分之百信守承诺,在变化多端的环境中确属困难。因为在执行过程中,有很多客观因素在干扰管理者和成员对诺言的完成。但管理者必须帮助成员记住"君子一言、驷马难追"的道理。无论执行有多困难,只要给出了承诺,就必须竭尽全力完成。

在执行过程中,信守承诺主要包括以下几点。

1. 信守承诺即实事求是

实事求是是信守承诺的具体体现,也是执行中最起码的原则。无论是个人岗位工作,还是和团队协同配合,成员都应做到坦诚真实地传递信息、评价现状,有一说一、有二说二,既不能夸大事实,也不能有所掩饰,更不能为了表面上的业绩而胡编乱造、无中生有。作为管理者,应在考核和检查过程中,敢于积极主动地向团队展示真实结果评价,敢于直面问题,从而带头树立信守承诺的典范。

2017年春节假期刚过,三只松鼠创始人、CEO章燎原,就召集管理团队中120多名干部开会。在谈话中,他毫不讳言、实事求是地表达了对团队近年新开实体"投食店"的不满。他坦诚地告诉所有人,苏州门店的装潢品质,与他的要求大相径庭,而更让他无法忍受的是,之后的门店也没有丝毫进步。这让他痛下决心,决定砸掉苏州门店。

章燎原说到做到。2月12日,农历正月十六,他带领三只松鼠管理团队前往苏州,抡锤砸掉了开业还不到一个月的投食店。他在现场说:"今天砸掉苏州、停工南通这两家店,在人力、装修等方面将直接造成约200万元损失,但是店不砸,未来我们的团队就丧失了追求细节、品质的基因,就更不要谈以后的1000家品质店。"

其实,三只松鼠苏州店的业绩并不差,曾经创下人流量第一、销售额第一、转化率第一的三大纪录。但与业绩不相匹配的,是门店的装修品质。由于团队想将苏州店做出独特风格,进行了设计上的改变和创新,而为了赶在1月18日前开业,又放低了标准,将细节的不足之处一带而过,导致门店的正式装修时间只有20余天。

但章燎原并没有被"三个第一"的纪录掩盖对真相的承诺。他认为,门店的瑕疵是事实,没有信守装修标准的承诺也是事实。"今天的瑕疵将直接影响着三只松鼠未来5年的发展,今天不砸,长期下去就是个慢性病,它将不断稀释这几年的沉淀。"为此,他果断砸店,并重新装修。

章燎原的做法，让外界对三只松鼠团队感到信任，也赢得了团队内部的敬重。管理者应该用自己的行动教导成员，实事求是的人才能得到信任，从而在执行过程中引起共鸣。正如孔子倡导的"言必信"，即说话要实事求是，在执行过程中，团队也应该将实事求是作为准则来遵循，使执行得到更多的支持。

2. 制定承诺的规则

　　一个团队的信用如何，很大程度上取决于其内部的承诺规则。如果承诺是谨慎而科学的，就能言出必行，信用自然节节上升。反之，如果团队成员相互攀比，随意开出空头支票，就会落入内部互相猜忌的陷阱中。

　　懂得如何承诺的人，才会懂得如何履行，他们将更有组织能力，更具有影响力。团队管理者可以采用下面规则，增强整个团队信守承诺的能力。

　　（1）在沟通中，应清楚表示同意哪些事情、反对哪些事情。不要让同事、客户、领导产生错误期待。尤其应该避免漫不经心的口头承诺。这样的承诺越是随意，越容易造成误解。

　　（2）无论成员或管理者，都不应为部门、团队或企业许下不切实际的承诺。如果承诺有特定的完成日期、数量、目标等，就应积极达成，而不是将这些作为参考数值。

　　（3）无论成员或管理者，对自己难以百分百承诺的事情，应敢于在第一时间说"不"。对于原本就无意承诺的事情，更应当场拒绝，以调整对方期望，形成新的执行框架。

　　（4）除非碰到真正紧急情况，否则不应随意更换会议、活动的时间。即使需要为此重新调整日程，也好过放弃承诺带来的负面影响。

　　（5）团队机密信息应限定在保密范围内传播或讨论，任何人都不应违背保密原则。

　　（6）重视成员或管理者在工作甚至生活中的承诺。这是因为团队内外会有很多双眼睛，观察团队是否能做到履行承诺。如果不能做到，就会让他们感到失望、动摇和不信任。

　　（7）管理者的价值观也会传递出承诺，必须保持对此的敏感性。例如，管理者告诉成员，他们的努力与团队对他们的评价息息相关，成员就会将这个信息解读成为承诺,即团队会对他们的努力给以公正奖励。如果成员通过努力,为团队做出了贡献,他们就会期待团队能用实际奖励兑现承诺。

信守承诺,目的在于建立执行过程中能充分互信的团队。管理者必须以身作则,言行一致,引发团队成员的效仿,将信守承诺变成执行的日常行为。

04
建立团队

团队,是指一群互助互利、团结一致,为同一目标和标准而努力奋斗的人群。团队不是社群,社群仅仅是为了兴趣爱好或者交流学习的目的组建,团队不仅强调个人获得,更强调整体业绩。团队期待通过成员奋斗而获得胜利果实,这些胜利将超过个人业绩的总和。因此,团队的核心是共同风险,这种共同风险需要成员能看到为之信服的目标,能形成共同承担团队责任的承诺,能一起分享信息、观点和创意并共同决策,并在此过程中形成真正的共同价值观。

团队精神的最高境界,体现为全体成员的向心力、凝聚力,反映出个体利益和整体利益的统一,进而保证团队的高效运转。

个人服从集体

团队"精神"的作用,在动物界的团队执行过程中也有所展现。高空中不知疲倦的雁群,犹如一支训练有素的军队,无论多远距离,都能保持完整的队形。它们中的每一只大雁,无论何时何地,都会以团队利益为重。

雁群是即为团结的群体。每只大雁的飞行状态,都受到团队岗位责任的约束。年老而经验丰富的大雁,会作为领头的一只,它时刻保持警惕、观察危险,并保持正确的飞行线路。其他的大雁也各司其职,它们需要在飞行和休息过程中,随时留意四周情况并相互关照。尽管年复一年长途跋涉,雁群都会始终保持标准的"人字形",以此降低空气阻力,它们就是以团队精神来齐心飞翔,直到抵达最终的目的地。

团队精神来自团队规章制度的制定和执行。任何一家团队的规章制度，都是无数实践和管理者智慧、经验、教训的结晶，也都经过了必要的前期调研和论证。正因如此，优秀的团队管理者在塑造团队精神时，应对团队规章十分重视。例如，有的企业严格规定，规章制度代表战略方向，一经形成，团队内任何人都必须无条件服从，即便是管理者也不能寻找任何借口，违背制度，偏离企业的发展战略。

为了杜绝有令不行、有禁不止、阳奉阴违的现象，管理者必须将那些破坏团队精神的要素清除出去。所有不服从纪律的成员，都是团队执行效率的潜在危害者，他们必须离开团队，以避免破坏规章制度的权威，影响其他成员的协作性。

同时，那些服从团队规章制度的成员，能够为团队带来更充沛的执行力，为其他成员带来真正的成果。因此，管理者应强调尊重和服从团队的规章制度，团队成员必须以服从团队纪律为第一要义，缺乏这样的服从观念，就不能在团队中立足。

服从的习惯，不仅能让成员变得敬业，还能让整个团队犹如一台高度精密的机器。当其中所有部件都忠实地履行自己的职责时，整台机器运转自如，久而久之，各个部件将能发挥出更好性能，团队的执行力也就会成倍提高。

构建愿景

很少有团队成员对管理者直接说"我不知道工作有什么意思"，但实际上，很多成员内心想法确实如此。虽然他们每天忙忙碌碌，但更多的感受是工作了无趣味，毫无意义。规律的上班生活，让成员们觉得是在扼杀青春，上下级合作完成任务，让成员认为是自己在被无情剥削。之所以产生这样的情况，是因为整个团队缺少崇高的愿景。那么，愿景究竟是什么呢？

愿景之于团队精神的作用，等同于理想之于个人毅力的意义。历史上取得非凡成就的个人，不仅仅因为他们有超越他人的智慧和天赋，更在于他们很早就确定了自己的理想。这种对于理想的不断追求，弥补了他们在学历上、地位上、资本上的不足，并帮助他们产生强大的斗志，以源源不断的毅力超越竞争对手，克服一个又一个的障碍，从优秀走向了卓越。

因此，终身担任保险公司小职员的卡夫卡，最终成为文学殿堂的传奇；连小学都没有读完的爱迪生，最终创立了庞大的科研技术公司；学徒出身的洛克菲勒，最终让自己成为富可敌国的商界巨子……他们曾经身居人下，甚至是社会的底层，但他们秉持非同常人的理念，才能最终改变自己的命运。

牛顿痴迷于实验，而将怀表当鸡蛋煮；法拉第在新婚之夜将妻子丢在洞房，自己进了实验室。巴菲特能够坚守一只只貌似平庸的股票长达十几年，并最终获利巨大……他们不仅有远大的理想，同时也甘心情愿地将自己的全部身心投入其中，并最终取得惊人的成就。

个人为自己的理想能够献身，团队成员则会为共同的工作愿景形成团队精神。有了明确的共同愿景，团队成员们犹如在茫茫的黑暗大海上看见明亮的灯塔，找得到前进的方向，明确自己付出辛苦工作的意义所在。当团队成员发现了那盏明灯，他们将明白自己的汗水付出值得，因为那是献给了人生中相当重要的事业，他们也自然而然会全力以赴，追求工作中的更大成就。

在寻找意义的过程中，管理者应该扮演好利用愿景激发成员献身精神的角色。管理者不应当指望团队成员自动自发地明确工作愿景。团队的愿景需要管理者为成员指明，从这个意义上来说，管理者是愿景的设计者和传达者，是整个团队的"造梦师"。

杨女士曾参加过铁军团队培训课程，后来成了某医美机构的营销团队负责人。她发现，自己手下刚刚从学校毕业的营销代表似乎不太愿意吃苦。虽然她们也能完成销售流程，但她们似乎觉得这仅仅是一种工作，谈不上有什么强烈的责任意识，更没有工作激情。杨女士发现，她们很少对消费者有真正的关心，只是想要完成订单，对那些迟疑不决的咨询者，她们的态度就更不怎么样了。

为了让成员们明白自己在为什么样的工作理想献身，杨女士在一次会议之后拿出了一封信，那是从小学生作业簿上撕下的纸张，面对所有成员，她读完了信:"……阿姨,你好。谢谢你把我的妈妈变漂亮了,以前,她很自卑,不愿意去开家长会,现在她总是第一个到!"这封信是她以前服务过的客户的小女儿写来的。

当杨女士说完这件事,整个房间很安静,有的营销代表眼角已经湿润了。杨女士语重心长地说:"我知道,营销工作很累,而且并不是每个客户都承认我们的价值。但我希望,你们的工作能换来每一个生命在人世间感受到的温情,你们能为每个女性带去她们最需要的关怀和温暖。这就是我们工作的意义。"

这次特殊的会议结束后,杨女士发现,整个团队的工作态度都发生了相当明显地改变,她们的服从不再生硬死板,而是围绕着共同的目标展开。

团队之所以能发生如此积极的转变,主要在于作为团队领导的杨女士传递了她为团队工作设计的愿景。通过自己深情的阐述,杨女士帮助成员发现为工作献身的理由和原因。虽然今后的工作中或许还会出现种种毛病,但通过团队管理者的努力,愿景的种子已经埋在了成员的心中,并终将发芽、开花、结果,成长出工作的优秀成绩。

团队精神的建立,并不是耳提面命的灌输,而是通过管理者自身工作经历和表现,从而为成员们指出努力的意义和方向。可以说,团队管理者自己选择怎样的工作态度,将会深深地影响到团队成员对工作愿景的信仰程度,并影响他们为工作献身的意识。

为团队赋予荣誉感

在团队组建过程中,塑造荣誉感是团队管理者的关键任务。团队精神最强调的特质就是荣誉。所谓荣誉不仅是个人操守,更象征个人为团体牺牲自我的精神。在军队中,不可能人人都成为指挥者,更需要良好的协同者。那些违反荣誉准则或规定,漫不经心工作,甚至找寻各种理由为自己开脱的行为,是不能容忍的。

集体荣誉感,就是团队的灵魂所在,是团队精神的最佳体现。荣誉感是所有成员思想、行动的集中体现,是执行的指路明灯。正是由于集体荣誉感的召唤,才能打造出优秀的团队，培养出优秀的成员。

通过塑造荣誉感，将团队精神赋予了每个人，使其成为团队得以持续健康发展的有力保证。因此，每个团队的管理者，都应不断培养成员的集体荣誉感，唤起他们对所在团队的责任心，以更为饱满的精神状态投入工作中。

团队管理者想要更好地培养团队精神，还要多关注细节、关心成员生活，尽可能多了解他们的生活和工作情况。团队管理者只有将成员真正当成家人来关心，在他们有困难时，让他们感受到来自团队的帮助，他们才会将团队当成自己的家，更加具有团队荣誉感。

05
杜绝借口

为自己的不佳表现找借口，或许是团队执行过程中最容易暴露出的缺陷。如果未经训练，团队成员遇到事情没有做好，很容易会给自己找各种理由推脱。如果做了却没有成果，他们也会去找其他理由，逃避责任。

其实，这并不能责怪团队成员。因为人性的本能就是寻找借口，从中获取安全感，否则，既觉得不安全，又对其他人感到内疚。在这种本能驱动下，执行过程中找借口，成为理所当然的事。更严重的是，喜欢寻找借口的人，并不觉得这是逃避责任的表现，更不觉得这会降低整个团队的执行力。

有调查显示，在那些执行力和效率低下，乃至最终失败的团队中，大部分成员都喜欢找借口。与此相反，成功者很少找借口，他们勇于承认错误、承担责任，并因此而更快地找到解决问题的办法。

优秀管理者领导下的团队，从不会在工作中寻找任何借口，他们总是会尽力完成每一项工作，将之做到超出客户预期，从而最大限度地解决客户面对的问题。他们总是能出色完成上级安排的任务，替上级解决问题。他们也总是会尽力配合同事的工作，对同事提出的帮助和要求，不会找借口推脱延迟。

反观许多常见的借口，例如，"我可以早到的，碰到堵车""我没学过""我啥时间来不及""我的项目太多了"等，总是将否定意义与"我"紧密联系在一起，其潜台词就是此事与我无关。这样的成员，不愿意明确自己的工作责任，而将自己理应为团队做的事推给别人。如果管理者不能放任这类人群在团队中不断增加。这是因为团队中成员越是会找借口，越是会在无形中提高沟通成本，团队协调合作的能力也大大削弱了。

寻找借口，还会导致整个团队养成拖延的坏习惯。在很多执行力低下的团队中，都有这样的成员。他们看起来非常忙碌，似乎在尽职尽责。但表象之下，他们是将本应 1 小时完成的工作变成半天时间乃至更长。因为他们并不担心如何应付未完成的工作任务，他们早已为此"储备"了各种各样的借口拖延逃避。

此外，喜欢寻找借口，还会让团队成员变得墨守成规。管理者无法再期待他们能在工作中积极主动创新，打造出令人惊喜的业绩。因为借口足以让他们躺在之前的经验、规则和思维惯性上，等待"成功"的到来。

借口对团队带来的危害非常严重，打破对借口的依赖，团队才会有积极的执行态度。管理者应教导成员，努力拒绝借口，将每一项工作做好，而不是为做不好寻找各种理由。

打破借口依赖的方法，如图 4-3 所示。

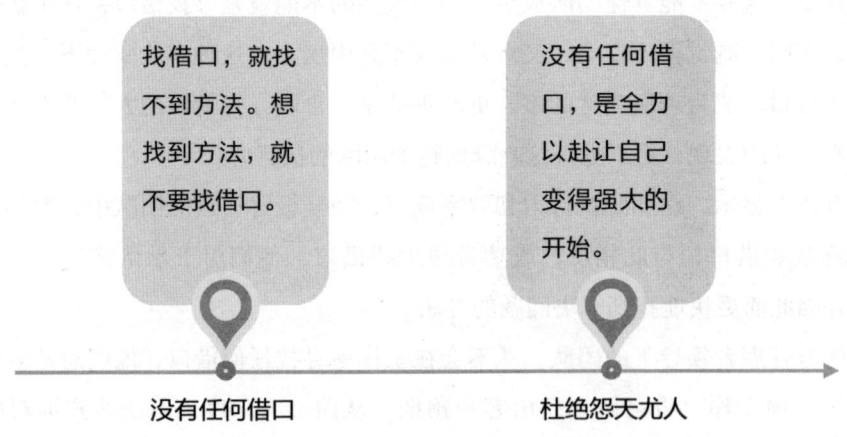

图 4-3　打破借口依赖的方法

打破借口依赖的方法，主要有如下两种。

1. 没有任何借口

在美国著名的西点军校有着延续多年的传统，即遇到上级问话时，只能有四种回答，分别是"是""不是""不知道"和"没有任何借口"。除此之外，不能主动多说一个字。

"没有任何借口"，是优秀团队奉行的重要行为准则。在团队中推广、倡导这句话，能强化每个成员完成任务的决心，而不会为没有完成任务去寻找借口，能有效提升团队凝聚力和竞争力。秉承这一理念，许多杰出管理者建立了自己优秀的团队。

找借口，就找不到方法。想找到方法，就不要找借口。即便你所带领的团队没有到达优秀级别，只要管理者能从自身做起，在工作中拒绝找借口，就能将管理者的精神在团队中传播。对团队状况不满的管理者，也应积极向其他优秀团队管理者学习，寻找更多方法去积极影响团队，而不是寻找诸如"成员不努力""环境不佳""客户挑剔"的借口予以搪塞。只要坚持不找借口，团队的执行力一定能有更好的发展，管理者个人也会收获良多。

2. 拒绝怨天尤人

没有借口，是指不能为执行不到位而去找任何借口，即便借口仿佛很合理，团队管理者和成员也不应怨天尤人。

在铁军团队培训课程中，曾有这样一组来自同一团队的成员，他们从事的经营项目是健身行业，经营情况不容乐观。当学员们坐在一起分析经营中存在的问题时，有人提出，是因为所在省份的经济发展形势变化，导致目标客户人群减少，影响了行业整体景气程度，才导致团队经营出现问题。

这位学员分析得看似非常专业，找到的借口也颇有说服力。然而，主讲老师却问道："你们当地有没有依然在迅速发展的健身机构？他们又是如何做到的呢？"

所有学员都沉默了。半晌，这位学员意识到了自己的问题，他说："有的，确实别人的执行有更好之处，而我们一直在找借口。"

无论怨天尤人的内容看起来是否科学合理，借口是否能说服人，其所产生的负面作用都是相似的，即导致团队无法从跌倒的地方重新站起来，也不能从眼下的困境中发现求生之路。怨天尤人的理由越是"充足"，团队成员就越是不能提升自我，还很容易陷入容易犯错、责怪环境、不思进取、重蹈覆辙的怪圈。

不满与抱怨，确实是日常沟通中最常见的情绪，也是善于寻找借口的成员经常利用的挡箭牌。管理者与其放任他们怨天尤人，不如教导他们踏实做事。应该让他们认识到，抱怨是恶性循环，与其一味抱怨，还不如做一点有意义的事情。如果只是一味等待别人帮自己改变环境，就永远也不会成功。

杜绝怨天尤人，需要管理者引导成员用积极的心态去面对来之不易的工作。在他们的带领下，成员将能很好地控制自己的情绪，为团队做好自己应尽的本分。他们将会明白，没有任何借口，是全力以赴让自己变得强大的开始。

06
精益求精

在这个时代，产品极大丰富，服务者越来越多，竞争态势也越来越激烈。为此，执行者只有凭借精益求精的精神，才能实现高标准的品质。一个团队的产品和服务品质，也只有依靠每个成员精益求精的态度才能打造。

其实，这一规律早在学生学习时期就被证明了。如果在一场考试中，你只想追求及格，可能结果往往会差几分。如果你决心考到全班前三名，结果很可能会在前十名左右。

"一分耕耘，一分收获"，很多时候只是美好的期待，真实情况是一分耕耘换来零分收获，五分耕耘换来四分收获，九分耕耘换来八分收获。只有十二分耕耘，才可能有十分收获。这意味着在团队执行中，如果将衡量标准定低，就只能达到比正常标准还要低的水平。相反，团队如果能尽自己的最大努力，在合格基础上更上一层楼，就可能达到完美的境地。

2017年3月，央视财经频道将受关注度最高的10个中国制造的消费品牌列入问卷调查中，最终选出"百姓心中最能代表中国制造的消费品牌"，比亚迪作为唯一的国产汽车品牌跻身其中。

在众多知名企业中，比亚迪何以入选？从团队创始人王传福的一段话中可窥端倪："国家强，则民族兴，制造业是国家强大的基石。22年来，我们始终专注于制造业，希望用创新技术和工匠精神，与其他民族企业一起撑起中国制造的脊梁。"

曾几何时，比亚迪不过是一家小小的电池生产商，此后凭借精益求精的创新和研发，最终成长为全球新能源车行业里的知名品牌。梳理这个团队的进化史，大致可以分为三个阶段，分别是电池与IT阶段，传统汽车阶段，电动车和新能源阶段。每次升级，都是凭借精益求精的态度，赢得全方位突破性的跨越。

对技术标准的执着追求，成了比亚迪人的共同标签。技术为王，创新为本，是他们最核心的发展理念。比亚迪也因为精益求精的态度，打造出具有国际水平的技术创新平台。

在产品上，比亚迪也不断推陈出新。通过不断垂直整合，比亚迪将产品成本控制在同行的80%左右水平，开发周期也缩短到欧美同行的三分之一左右，形成成本、效率和技术上的比较优势。

正因精益求精的团队执行态度，比亚迪才能成为首个成功打入日本市场的中国汽车品牌，并将电动巴士出口到美国、英国和意大利等全球多个汽车强国。

管理者应要求成员明白，任何工作都能做得更好，而团队需要的是最好的结果。只有不断地追求完美，才能不断地得到认可。无论在日常工作中，还是最终结果上，都不应该应付了事，而是将每一步骤经过反复修改，直到认为最好才提交到下一步骤。

管理者需要启发成员思考：对于执行，你真的已经发挥了最大能力，已经做到尽善尽美了吗？在团队中，每个成员都有自己的特殊才能，无论是管理、协调、沟通，还是策划、文案、美工，抑或销售、服务、咨询……无论成员具有什么才能，都没有理由将之浪费，而是应该尽量去发挥。不仅如此，只有追求尽量完美地发挥，才能得到比他人更好的结果。

在团队中，倡导精益求精的执行态度，需要管理者积极带领成员在各个方面努力实践。

精益求精的执行态度，如图4-4所示。

图4-4　精益求精的执行态度

精益求精的执行态度具体内容包括如下几部分。

1. 避免应付搪塞

应付了事，是不少成员经常出现的问题。他们信奉做一天和尚撞一天钟，对于团队布置的工作，他们很少去认真分析，而是敷衍塞责。这种敷衍的工作态度对团队所造成的危害，远超过没有执行。因为如果成员没有执行，管理者还可以重新安排其他人员来顶替其工作岗位，但如果接受了任务而只是应付完成，就会导致整个团队遭受蒙蔽，最终使任务目标无法有效实现。

为此，管理者不应忽略监督检查的重要意义。管理者不能简单地认为任务目标清晰固定，同时又提前制定了执行标准，还有严明的制度指导成员，成员就一定会自觉高标准完成。事实上，执行环节是由人完成的，人的主观意识、工作能力、工作效率，都会影响到精益求精的程度。管理者只有做好督促检查工作，引导成员正确做事，才能保证成员不出现应付搪塞的问题，将风险消灭在萌芽状态。

2. 克服马虎轻率

追求精益求精，整个团队就要克服马虎轻率的毛病。在不少团队中，很多成员之所以不能精益求精，并非其主观故意不能做到，而是其形成了草率行事的工作习惯。在执行过程时不关注细节，在检查问题时缺乏慎重，导致无法精益求精。

针对这类问题，管理者应及时发现其习惯上的问题，并着手予以改进、调整和培养。如果成员粗心大意的坏习惯能及时发现，并得到迅速解决，就不至于影响大局。同时，坏习惯暴露，也能显示出团队训练过程中的不足，越早加以调整，对精益求精的执行标准建立，就越是有所裨益。管理者和成员应充分合作，形成主动反省、发现问题的精神。管理者应该不断跟进成员工作，在注意频率的前提下，激发成员改变工作习惯的主动愿望。

3. 迅速反馈，形成标准框架

精益求精的前提在于稳定的高标准，这离不开团队内建立起运行良好的标准框架。为此，管理者可要求成员在执行过程中的每个环节，向自己进行汇报情况，说明任务完成情况如进度、质量、问题、资源消耗等内容。对于这些工作汇报，管理者可以通过各种手段方式迅速反馈，既能表明自己对成员工作的支持和重视，也能形成标准框架，确保成员在执行的每一步，都能更好地了解执行标准，并在必要情况下，对执行标准进行调整。

07
接受监督

IBM董事长安迪·格鲁夫曾说过："团队绝对不会做你希望的事情，只会做你检查的事情。"这意味着执行的成果来自检查，检查的力度决定执行的高度。再好的执行制度缺失了有效检查监督，就会无法落实。在企业管理的日常工作中，只有将检查监督的作用充分发挥，才能进一步提高团队执行力。

检查并非代表不信任，而是为了确保执行过程所能产生的成果。越是经验丰富的团队管理者，越是会注重检查监督。小米创始人雷军当初曾成功创办卓越网，虽然他非常忙碌，但还是挤出时间来对成员的执行进行监督检查。

有一次，雷军去外地出差。路上，同事们都睡着了，他却打起精神，拿出笔记本电脑浏览卓越网网页，检查成员之前做好的工作。他久久地盯住其中一个页面，思考着什么，眉头紧紧皱在一起。原来，这个页面设计得并非他想要的样子。更重要的是，从这个页面中，雷军看出了整个网站的通病。

随后的几个小时旅程里，雷军写了一封电子邮件，其中一条条列清了修改意见和注意事项。写完后，他放下心来，又投入到对其他部门执行的检查中。

卓越网程序员团队很快收到了这封详细的电邮，其中囊括了150多条具体检查意见。程序员们对此深受感动，雷军的敬业精神和负责态度，刷新了他们对执行力的认知。此后，他们对本职工作更为认真。

雷军的检查监督全部基于执行过程中的事实结果，因此更容易影响和带动下属。在许多团队中，管理者忽视了对实际执行的检查，依靠主观臆测来评价成员工作表现的质量好坏。另一些管理者则如同雷军那样，将检查列为团队内日常工作流程的一部分，及时了解成员的工作进度。随着时间的推移，两种团队的执行水平会逐渐拉开差距，并体现在成果差异上。

执行力的提高，不能仅停留在说教和被说教的层面上。作为管理者，必须积极树立检查监督意识，依据现实情况，对不同的团队成员设置不同的检查时间和频次，并随时结合检查情况，提醒、帮助那些执行力不佳的成员调整状态。作为成员，也必须随时将检查监督放在执行态度核心位置，无论管理者是否检查到自己，都应树立正确的工作态度，完美达到执行应有的标准，以随时迎接检查监督。

通过检查监督，管理者能够实现对团队的轮动覆盖，形成奖惩分明的管理体系，是提升管理效率的有效途径，从而加强岗位责任落实。对于成员而言，检查监督能使信息始终处于透明、公开的状态，一旦有特殊情况发生，成员能及时知晓并调整自己的执行方向。

在整个团队运行中，检查监督也非常重要。通过检查监督，可促进团队内部互助体系的完善，使全体成员开展真正的团队合作。

管理者应熟悉检查监督过程中应注重的事项。团队检查监督过程中应注重的事项，如图4-5所示。

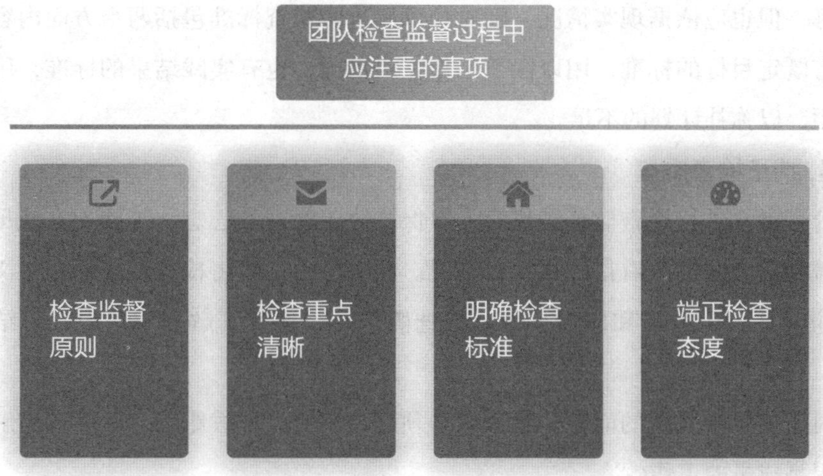

第四章 做事不找借口，执行的九大要领

```
团队检查监督过程中
应注重的事项
```

- 检查监督原则
- 检查重点清晰
- 明确检查标准
- 端正检查态度

图 4-5　团队检查监督过程中应注重的事项

1. 检查监督原则

检查监督包括公开性、公正性、时效性和周期性等特性，管理者应对这些特性有全面的认知。其中，公开性要求管理者必须以事实为基础展开检查，并以此审视检查结果。公正性要求管理者将问题公开列明，不搞"暗箱操作"，也不带有针对性和指向性。时效性要求管理者能在第一时间检查督促团队成员，就问题的内容进行整改。周期性则要求管理者必须规律性地检查团队执行工作，而不是心血来潮，随意为之。

更重要的是，管理者还应在团队建立横向检查监督系统，要求团队内平级成员相互检查执行成效，指出问题并帮助改善。

2. 检查重点清晰

检查监督并非易事。在团队中，一个管理者可能对应着数十上百的成员。为了确保检查重点清晰、突出关键环节，管理者要在检查之前做好准备。对于那些规模较大、周期较长的执行项目，管理者在检查之前应制订详细计划，包括检查的时间安排、采取的步骤、人力配置等，同时跟随检查进度做好记录。

3. 明确检查标准

管理者应提前明确检查标准。通常而言，检查标准不应低于执行开始前制定的目标，但也应依据现实情况，随时加以改进。检查标准包括两个方面内容，其中，有既定目标的标准，用以衡量工作完成情况，也有实践结果的标准，用以找出差距，以弥补计划的不足。

4.端正检查态度

管理者在进行检查监督工作时，应保持公正客观的心态，不能抱有成见，更不能戴着有色眼镜去看待成员执行情况。同时，也不应将检查变成形式主义，不能说说套话、走过场和应付了事。检查监督必须切实了解真实情况，总结经验教训。

对于检查中暴露的问题，管理者必须盯住不放，持续跟踪，从而彻底解决问题，提高成员的工作效率。

08
奖惩方式

再完善的团队制度，再合理的执行架构，如果团队成员不够积极主动，无论如何培训，其执行效率也会逐步接近于零。当管理者面对斗志不高、执行不强的团队时，又该如何激活他们的潜力呢？不少管理者陷入困惑，尽管他们使出浑身解数，但团队依然犹如一台生锈的机器，执行只能艰难运转。面对这样的情况，一套有效的奖惩机制是最得力的办法。

奖惩，是团队管理中最重要的工具。人性永远是趋利避害的。当利益在眼前时，人们会争先恐后地追逐，而痛苦在眼前时，人们又会避之不及。作为管理者，必须懂得这一点，形成贴合实际的奖惩机制，来增强团队的执行力。

更重要的是，团队价值观文化引领团队的执行，团队的奖惩驱动团队前行。团队价值观文化与奖惩的关系，如同树根与树干的关系。价值观文化是团队执行的灵魂，能产生自然的影响力，引导成员的思想和行动。如果团队价值观不以奖惩制度形式表现，就很容易看起来光鲜亮丽，实际上却无法真正发挥效用。

想让团队价值观文化充分发挥对执行的指导效果，就必须不断将团队价值观内化为具体的奖惩制度。

在腾讯，团队倡导"正直、进取、合作、创新"的价值观，秉承"一切以用户价值为依归，发展安全健康活跃平台"的经营理念。其中，团队价值观第一条是"正直"，它也成为评判团队成员奖惩的首要标准。

为确保团队价值文化能转化为奖惩标准，腾讯发布了《成员阳光行为准则》，明确成员必须接受惩处的情况。这些情况是腾讯团队执行过程中所不能容忍的行为界限，团队则要求成员必须遵守准则，远离会被处罚的高压线。其中主要内容包括以下几点。

（1）涉及信息、数据、费用的弄虚作假行为。

（2）收受贿赂或回扣的行为。

（3）泄露公司商业机密或泄露、打探薪资等保密敏感信息的行为。

（4）从事与公司有商业竞争的行为。

（5）与公司存在利益冲突或关联交易的行为。

（6）违法乱纪行为。

团队成员在执行过程中一旦触及上述界限，就会受到惩处，甚至会被诉诸法律处理。有惩处，也需要有奖励。在腾讯发展过程中，实行过多种奖励政策。早在2008年8月，就对184名成员给予了股份奖励。2016年11月11日，是腾讯诞生18周年纪念日，企业内每个成员都获得了300股腾讯股票，作为特别奖励。而在日常执行中，为了激励成员的工作积极性，腾讯也设置了各种激励机制。

例如，腾讯非常重视"微创新"，微创新的目的并不一定要诞生颠覆性的产品，可能只是进行微小的革新改变，形成微小的进步。而这种微小进步日积月累，就很可能形成重大的影响力。传统团队的管理者喜欢主导这样的创新，并不考虑通过奖励措施来激发成员积极性，让创新能自下而上地发生。但腾讯每个部门内，每个月、每个季度、每个年度都设置了微创新奖，再用内外评比结合方式选出优胜者，获奖者将得到价值不菲的奖金。

"微创新"的奖励体制非常完善。因此，腾讯很多产品起初并非精品，但在不断打磨过程中被改造得越来越出色。

在建立和运行奖惩机制过程中，管理者应更多注重以下要点。

1. 奖惩机制设立

有效的奖惩机制，可以概括为三句话，即收益能高能低，职务能生能降，成员能进能出。

（1）收益奖惩。调整收益高低，是非常现实的奖惩措施，但很多团队实际上却并未落实。有些团队发放给成员的薪资只有上调体系而没有下降体系，有些团队则恰恰相反，这两种团队最终都无法拉开成员的薪资收益距离，导致"高不成低不就"，最终泯然于众人。

在奖励时，管理者应舍得投入，让那些创造了业绩的成员在短期内就获得立竿见影的回报，让其他成员感到艳羡。当团队舍得"分钱"，成员也就舍得投入，团队的执行动力将集中爆发。

曾参加过铁军团队培训课程的一家民营企业，为了激励子公司高管，将利润目标实现后的70%超额利润，都奖励给高管团队，而高管团队对中层管理团队的奖励也如法炮制。这家民营企业因此业绩卓著，先后控股、参股和曲线持有了多家上市公司。

在惩罚时，团队也应敢于直面那些执行成果不佳的成员，尤其是敢于对"元老"成员进行薪资调整。如果团队整体业绩不佳，管理者也应舍得动自己的"蛋糕"，主动带头降低薪资。这样，收益升降才能成为团队中有力的奖惩工具，引起所有成员的关注。

（2）职务奖惩。职务奖惩的难点在"降职"。降职之所以困难，通常出于两种原因，首先是团队管理者很难最终决定对团队内的下属降职，其次是即使有降职作为处罚的机制，但成员的错误往往达不到降职标准。但现实中，如果管理者"不忍"制定更严厉的制度，将那些不符合要求的团队干部降职，日积月累后就会对团队形成永久性伤害。为此，必须将降职作为必要的惩处手段。

在华为，低于承诺目标80%的团队干部必须降职。降职后的干部一年内不得提拔，也不得跨部门提拔。从该团队调出的人员，也要降职使用。这些机制，将整个团队的干部牢固形成一个整体，使执行力度和方向得以统一。

（3）流动奖惩。企业作为组织应保持充分活力，在部门之间，人员必须有所流动。同时，这种流动也应该是各个团队内部的奖惩手段。

杰克·韦尔奇领导美国通用公司期间，每年强制淘汰10%的团队成员。为此，他还提出了"活力曲线"，如图4-6所示。

活力曲线示意图中，横轴代表业绩，纵轴代表组织内达到业绩的成员数量。利用图4-6，管理者很容易区分出业绩排在最前面20%的成员、中间70%的成员，以及业绩最后的10%成员，可以将之分别命名为A、B、C类成员。

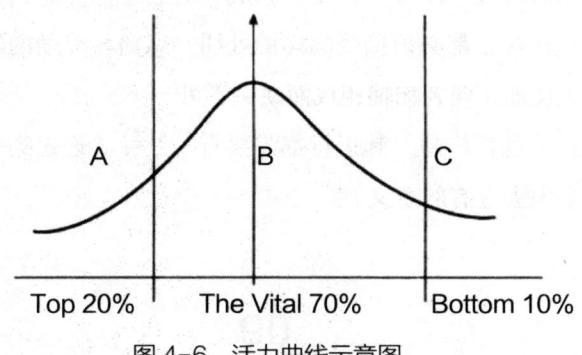

图4-6　活力曲线示意图

A类成员自身充满执行活力，并有能力带动周围人提高执行效率。B类成员能完成执行，但缺乏带动他人的激情活力。C类成员不能胜任自己的工作，还经常会打击拖累别人。

对此，韦尔奇主张将大部分奖励给予A类成员，同时管理者花费大部分精力，将B类成员培养为A类成员，并将C类成员从团队内清除出去。虽然看起来对C类成员很残忍，但真正的残忍实际上是对他们放任自流。这样的成员如果不流动出团队，势必会伤害自己，也伤害整个团队。

流动奖惩的本质，是团队必须正视成员之间的执行力差距。这需要对企业成员的工作表现进行科学评价，再进行分类或排序，按照一定比例标准，将最差的成员予以调动或辞退。

2. 奖惩措施

奖惩措施不仅要公平公正，更要具体到位。要本着对症下药的态度去执行奖惩，采取切实可行、行之有效的措施推动结果。

奖励方面，团队管理者应颁布奖励条款，明文规定奖励细节。在团队执行过程中出现理应奖励的人或事时，应及时奖励。奖励可以分为物质和精神奖励，两种方式都应灵活运用，不能偏重于其中一种。只使用精神奖励措施，成员会认为管理者只"画饼"，口惠而实不至。只使用物质奖励措施，成员的期望会变得越来越高而难以满足。结合不同团队的实际情况，合理调整奖励措施的比例，能收到最持久的激励效果。总之，奖励不能吝啬，要奖到成员心花怒放。

同时，惩罚的措施力度要大，要罚到成员胆战心惊。惩罚措施必须严格而公正。任何人一旦违规，都必须接受同样的处罚。惩罚与奖励的措施必须对应，如同一枚硬币的正反面，两者相辅相成而缺一不可。

无论奖励还是惩罚措施，其运行都需要有时效性。迟迟到来的奖励、延而不决的惩罚，都会失去应有的意义。

09
创造措施

善于创造措施、寻找方法，去解决执行过程中的问题和困难，是团队执行决胜的根本，更是一个团队保持旺盛竞争力的保障。无论何时何地，善于创造措施的团队，比遇到问题就逃避的团队，有更多成功的机会，其管理和成员将更容易受到人们的欢迎。

实际上，任何人都会在执行中遇到难题，没有任何问题的理想状态几乎不会存在。面对困境，团队不必担忧和逃避，只要不断找出措施，困难终将迎刃而解。

当然，问题和困难相对容易发现，措施却相对难以确定。"方法不足"，经常成为团队成员躲避执行的理由。很多团队成员习惯于在现实面前退缩，选择降低目标。为此，管理者应帮助他们认识到，执行就是通向目标的道路。在执行中，团队不可能总是一帆风顺。但真正成熟的团队，永远不应该降低原先制定的目标。他们会不断围绕目标，设定新的路径，寻找新的方法，以期兑现承诺。同样，在团队实践中，管理者应持续不断地增加达成目标的措施，并带领团队成员不断寻找。

每个人对待执行的态度是不同的。善于寻找问题和困难的管理者，同样也擅长寻找应对的方案和办法。那些不善于发现问题的人，通常更不会主动去寻找解决问题的措施。通过积极观察和思考，才能奠定寻找措施的基础。

在执行中，每个问题都有其特点和难点。管理者需要具体问题具体分析，积极寻找解决措施，而不可随意乱用方法，照搬模仿、强加套用都不能真正解决问题。遇到新问题时，可以多尝试几种措施，从中找到最有效的途径。

铁军团队培训课程的主讲沈老师，多年前曾在执行中碰到过一个艰难的任务。当时，他带领团队来到西部的某省，在这里举办一次培训讲座活动。活动开始前，根据对当地情况的了解、对课程内容的定位，沈老师将本次活动吸引的观众数量目标确定为1000人，并提前预订了当地体育场馆作为讲课场地。

随着时间不断推进，团队发现所有问题都已克服，唯独参会者数量只有数百人，距离1000人的目标还有很远。眼看培训活动日期迫在眉睫，有人认为已无法吸引到原定目标人数，于是提出建议改换场地，避免成本的浪费。

然而，沈老师并没有动摇原定目标，他坚信一定能找到措施，在剩下的十几天里为培训项目带来足够的观众。经过整个团队的头脑风暴之后，形成了下列措施。

（1）邀请当地最大的报社参加培训项目，免费获得冠名权。

（2）通过当地的邮政系统进行课程广告。

（3）通过当地的多家培训公司关系，进行联合主办。

上述三大措施中，团队都给予合作方合理的提成和回报，而项目执行过程本身，也将带给他们充分的关注度和美誉度，这大大激发了合作伙伴的积极性。由此，问题迎刃而解，在随后的十几天内，项目迅速赢得了上千名观众，整个培训课程大告成功。

类似这样的案例，在成熟团队管理者的工作实践中不胜枚举。通过集思广益、开阔思路，能为解决问题提供有重要参考意义和价值的方案方法，不仅有利于管理者带领团队继续坚持目标，也能激发团队成员的思维潜能和工作热情。更关键的是，他们将从中收获解决问题的信心，在下一次面对类似情况时从容不迫地寻找方法。

创造措施，是团队成长的关键动力，如果不能创造成功的新措施，团队的执行就意味着只能原地踏步甚至衰退。人类心理活动的普遍问题，是长期习惯于按照既有模式进行思考和行动，懒于进行创新。正因如此，创新既是团队成长的客观要求，也是应对竞争的重要手段。懂得创造措施的团队，远比不懂得创造措施的团队具有更为长久的生命力。

创造措施的最大敌人，就是"定式思维"，即常规思维的惯性。定式思维是人人皆有的思维状态，在日常生活中，能提供"习惯成自然"的便利性。但是，在面对执行时，如果整个团队仍然受其约束，就会导致措施越来越陈旧，难以面对新的市场态势和竞争需求。

创新不只是精英引领的，也不只是技术专利、论文发表等研发活动。在执行过程的创新上，很可能体现为思考方向上的探索、工作方向的变化，很可能在点滴变化中产生结果的重大差异。

执行力是创新力的基础。一流团队之所以成为一流团队，在于其解决问题的举措充满针对性和科学性，超越了同级别竞争对手。但这一基础在于具备执行力。没有执行力的团队，再好的创新构思都无法实施。

同时，创新虽然建立在脚踏实地的执行之上，但不能一味追求"稳"。如果抱残守缺，过多担心风险，就会丢失寻找新举措的可能，从而进一步丢失执行效率，显得得不偿失。

管理者应强调，现代团队中最需要的人才是既具创造意识，又具创造能力的成员，他们不仅善于发现问题，也能创新式地解决问题。他们不仅能够独立创新解决问题，还善于和团队内外的其他人员合作解决。他们不仅能获取和运用新的知识和技能，也能对现有的知识和技能，进行重新组合与开发，形成解决问题的新能力。为培养这样的成员，管理者必须抓住多种机会，利用不同形式，从各个层面维度，激发团队创造措施的积极性，使团队始终保持进取精神，并充分发掘和发挥他们的创造能力。

在执行中，创造措施的方法主要有以下五大法则（见图4-7）。

图4-7 创造措施的五大法则

1. 分裂式创造措施

对于一个团队而言，如果停止了"细胞分裂"，其创造措施的能力就会受到抑制，执行力的发展也会缓慢下来。因此，团队管理者不妨将原有的团队管理层成员作为核心，让他们在团队内部自由挑选资源，有针对性解决问题，形成新的"团队"。在此过程中，人力、财力、时间等工作资源得以解放，由于规模较小、工作目标集中，更容易激发创造意识。很多成熟团队的经典创造性措施，都来自这样的"裂变"。

2. 推崇"站式"管理

当麦当劳公司陷入难关时，团队管理者推出了"站式"管理，要求将团队干部的椅子靠背全部锯掉，传达的信息是让所有人走出办公室，深入基层。此后，麦当劳渡过难关，迅速盈利，成为全世界最知名的快餐品牌。

"站式"管理是成功团队的管理常态。"站式"，意味着管理者深入到团队执行的一线，随时了解实情，就地和基层成员探讨解决问题的举措。今天，那些习惯于坐在办公室听汇报、发邮件、开会的管理者，已经越来越少，因为他们明白这种状态很难找到真正有效的执行措施。

3. 激励成员创新

团队应积极组织创新活动，合理安排信息共享和分配，促进团队内创新氛围，确保那些为创新措施做出重大贡献的成员，能获得应有的物质和精神激励。这恰恰是管理者应完成的任务。

4. 重视举措的设想

如果将"执行力"片面理解为"做而不思考"，就会导致团队内所有成员都采用同样的方式在思考，应用相同的举措在解决问题，这将导致团队的创新能力越来越低下，能够利用的方式方法越来越单一化。

管理者想要让团队永远具有创新能力，就应该重视团队成员的每个不同设想。无论这些设想最终是否能转化为执行方案，都值得管理者的鼓励。例如，可以鼓励成员以不同他人的方式思考，以不同的观点来处理问题、反映问题，这样就能创造出许多新机会，使团队全员产生新的学习理解，从而进一步提高执行能力。

5. 发挥鲶鱼效应

如果一个团队内的人员长期固定，团队气氛就会缺乏新鲜感和活力，思维容易产生惰性，无法创造新的措施。因此，有必要及时补充新成员加入团队，制造出新的竞争气氛，使团队不断保持自我成长的能力。

此外，对人员分工的安排设置，管理者应该有整体性把握。在创新活动中，团队最关键的人员是提出解决方案的人员，他们才是创新的倡导者。为此，他们不但需要具备深厚广博的技术背景，还应了解团队发展战略和经营方向，同时谙熟竞争动向，并具备强烈的进取心。

团队必须配置一定比例的创新者,无论他们来自团队内部还是外部。管理者应对他们进行挑选,要充分考察人员本身的品质、素质、技能和知识水平,是否能胜任工作。

通过上述方法,团队将形成积极鼓励创新精神的氛围,团队成员对执行中解决问题活动的积极参与,将能开启创新活动的良性循环。

高效能团队

第五章

能承诺有措施，
执行的六大步骤

真正到位的执行力,是将想法变成行动,将行动变成结果。执行力是将企业目标从上至下的贯通,使每一层次的目标都能明确达成,再根据目标设计流程。其中,主要目标包括明确成果、完善措施、完成期限、奖惩措施、挑选检查人和公众承诺。实现这些目标的步骤,构成了团队流程管理的生命周期,也决定了团队执行能力的强弱。

01
明确成果

在团队执行中，经常会出现如下令人费解的现象：A 岗位的工作早已完成，却迟迟没有交付结果。B 岗位成员因为没有拿到这一结果，其工作也就无法开展。当管理者问起相关情况时，A 岗位成员表示，自己不知道应该将成果交给谁，而 B 岗位成员则同样大惑不解，表示不知道应该找谁要成果。

在执行中，如果没有预先明确成果的交付对象，就难以使成果在团队内迅速交接。而团队的工作，大部分都需要和同事协作完成，每位成员承担执行任务的某个部分，最后由所有人将各自成果拼装起来，形成整体执行结果。在这样的协同工作过程中，如果某些成员的工作成果不符要求，导致无法拼装，就无法形成团队整体的执行力。

此外，在团队协作中，还经常会出现前一道工序成果是开展后续工作前提情形，尤其是流水线式的执行过程中，这种情形更为明显。如果前一道工序出现次品，下一道工序就无法进行。团队执行中，很多成员都在不断花费时间和精力，弥补上一道工序的问题。

为避免类似情况反复出现，执行的第一步骤是明确责任成员应交付的成果、成果应交付的对象。这需要管理者提出两个问题，首先是"责任成员取得什么成果，就完成了任务"，其次是"责任人应该将成果交接给谁"。

1. 应取得何种成果

生产型企业中，可以直接用合格产品作为成果模型，这将非常清晰明确地提出衡量执行成果的标准。无论管理者或成员，只需将工作结果与模型相对照，就能立刻检验成果是否合格。

然而，在大多数知识技能型团队中，并没有如此具体的成果模型，大多数时候都只能通过口头或书面的语言，对成果进行描述。此时，就要避免描述不够准确的问题，减少各种误差，尽可能准确、详细地描绘成果。

为此，团队应为成果拟定可衡量的评估指标，只要将成果和评估标准加以对照，成果是否能提交就一目了然，岗位责任也就无从推卸了。

在对成果标准的表述中，应该注重具体、清晰和形成价值，为此应运用以下元素。

（1）数量。用具体的数字来描绘成果牵涉到的数量，使成果提交变得更为简单。但如果运用"大幅度""小幅度""约为""尽可能多""大概"等词汇，成果的提交就变得困难，甚至导致团队内部无法进行准确、公正、公平地考核。

成果明确前后的标准描述内容，如表5-1所示。

表5-1 成果明确前后的标准描述内容

明确前	明确后
让销售商对产品感到满意	将销售商满意度提升到90%以上
有效减少投诉率	将投诉率目前水准降低为50%左右
通过培训显著提升团队绩效	通过培训使团队绩效考评分从目前水准提高到90分

在表5-1中，"满意""有效减少"和"显著提升"等描述，都是无法明确的，团队管理者和成员都很难确定成果是否达成，是否可以提交。而使用后一列的百分比数字来具体描述成果，就显得非常明确了。是否能提交成果，只需要对照数字，成果即可一目了然。

（2）时间。时间指完成成果的期限，即执行的具体时间节点。团队应该为执行中每个成果的取得，设定具体完成期限，而不是让成果变成空头支票。

（3）质量。质量是指成果的具体内容，相关描述应明确而具体，包括外观、功效、客户验收标准、技术规范、行业标准等内容。

（4）成本。成本投入多少，也是衡量成果的重要标准。成本不只包括金钱花费多少，还包括物资、人力、时间等。

2. 提交成果的对象

责任成员应该将其执行成果交给谁？对这个问题，管理者必须在执行流程开始之前，就予以准确交代给成员。成果交付给谁，就意味着责任成员需要对其负责，接受其考核。身为团队管理者，在明确每个岗位成果提交对象时，也应该让他们认识到相互考核的必要性。

在团队中,几乎所有成员都懂得企业应该向客户负责的道理,因为客户是"甲方",是"出资方"。但在提交执行成果时,成员往往欠缺对内部客户的服务意识。为此,管理者必须让他们清晰什么是"内部客户"。

内部客户,是指团队或企业内部的成员,即同事、上司、下属或协作团队的其他成员。当成员提交成果时,很多人想要努力让上司感到满意,其原因在于上司直接决定了其薪资和升职的机会。对于下属或平级同事,他们就显得非常随意,对成果质量也并不关注。甚至由于下属或平级同事相互之间关系密切,即便成果质量没有达到要求,相互之间也不得不接受。

为了消除成员在团队内外交接成果不明确,管理者应预先设定成果交接的考核规则和程序。一旦成果考核不通过,就应予以驳回重做。这样,每个成员才能自我约束,明确提升成果质量。

3. 明确成果的种类

对于成果的明确,不仅是团队内部的工作机制,同时也是每个团队成员在执行之前对自身工作的要求。在日常工作中,管理者应要求他们围绕以下三种内容,确定自身工作成果。

(1)绩效目标。在团队中,绩效目标经常表现为一个整体。而在明确成果过程中,需要对其进行分解,成为各个小块,然后再对这些小块进行分解,直到能将其分解到相应小组或成员个人,从而确保工作成果的可实现性、责任的可追究性。

分解到个人的绩效目标应该是明确清晰的,例如,"12月份应完成的销售额为20万元"等。同时,团队内部对绩效目标进行分解时,也应遵循一定的流程。绩效目标分解流程,如图5-1所示。

在制定个人绩效目标以明确成果时,团队管理者应注意以下关键环节,从而使个人绩效目标能发挥更好的效应和作用,帮助成员更好地实现既定的成果。

①层级不同,绩效目标制定的原则不同。如果团队在企业内层次较高,其中成员主要属于高管,则应制定个人绩效目标,以对应企业战略目标。对于一般的基层团队,成员主要应从具体的岗位职责、职能中提炼指标。

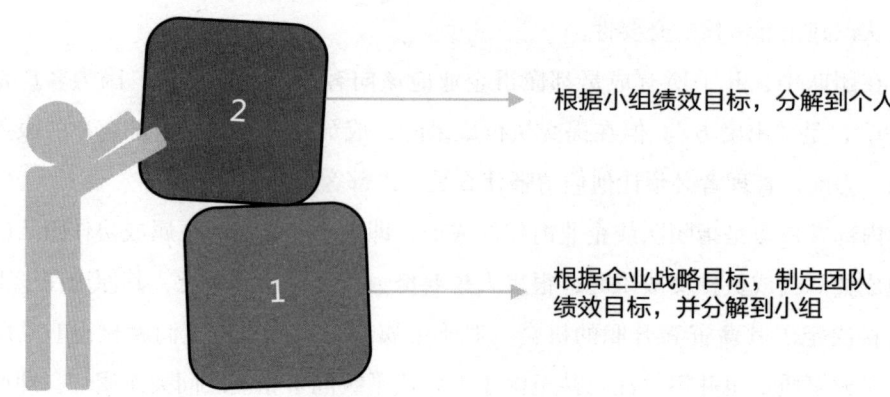

图 5-1　绩效目标分解流程

②保证绩效目标导向作用。团队成员的绩效目标，应用于对成果进行总体指导，而并非过于详尽的安排，否则，很容易变成工作计划。

③绩效目标需要支撑。想要确保绩效目标实现，转化为团队工作的成果，不能仅依靠成员个人努力，还应该以团队的相关制度、规范、流程作为支撑。

④绩效目标需要完善。经过分解，形成个人绩效目标后，应该要求各级成员先详细分析实现个人绩效目标的可能途径，并在具体实行过程中，进一步完善和改进。

⑤沟通落实。在对绩效目标进行分解和落实时，团队各成员之间必须进行充分沟通，使成员认同其个人绩效目标，并和上级、同事对此成果预期达成一致。

（2）增员目标。在营销业务型的团队中，增员是提升执行力必不可少的重要举措。增员能够带来更多的人员力量，进而可能提高整个团队的执行效率。因此，增员目标也应在团队层面形成后，再进一步分解到个人，形成可期待的具体工作成果。

设定和分解增员目标，主要包括以下两个步骤。

①设定团队增员目标。需要先行确定本团队业绩目标，预计其中可以由现有人员完成的比例，计算需要多少新成员完成余下目标，即确定团队增员目标。此外，还应预计需要接触多少增员对象，才能录用到足够多的新成员。

②根据上述团队目标，结合现有团队成员的数量、能力、工作任务安排，进

行有效分解，确定每个成员应完成的增员成果。

（3）成长目标。没有明确成长目标或目标不确定的成员，其所提交的工作成果很难完美。明确成长目标，有利于成员在执行中不断自我完善。一旦明确自己想要在执行中变成什么样，就明确了前行的动力，无论对于个人还是团队都是如此。

当团队成员为自己定下成长目标后，目标将发挥双重作用，它既是成员付出努力的依据，同时也是有效的鞭策。成长目标给了成员有所预期的具体靶子，随着成员在执行中越来越接近成果，他距离成长目标也越来越近，并因此产生成就感。对成员而言，实现执行成果和成长目标，变成同一条赛道上并行的事业。随着时间的推移，成员实现了一个又一个执行成果，他的思想态度和工作方式也将逐渐提升，接近成长目标。

因此，团队管理者不仅应该关心执行成果，同时也要关心每个成员的成长目标。

02
完善措施

在执行过程中，措施就是方法和过程。措施代表着执行流程的形式和内容。当一项任务需要若干不同程序、环节或分为若干阶段完成时，就意味着需要准备若干对应的完善措施。

措施的分类

团队执行中，通常采用不同的措施，管理者应将执行过程分解细化，形成不同的措施分类，予以精确管理。

1. 营销措施

营销型团队，是企业开展营销工作的重要基石。想要让各项营销活动能顺利进行，必须做好营销措施的创新、构建和运用。

（1）传统线下营销措施。该措施强调将尽可能多的产品和服务，提供给尽可能多的客户，经过长时间发展后，形成较好的客户群体和基础。这种措施强调与消费者的积极交流沟通，管理者应引导团队成员用现实产品、亲身体验去吸引客户，帮助客户获得购买的乐趣。

（2）互联网线上营销措施。互联网营销措施具有传播范围广、速度快、跨越时空约束、内容详尽、反馈迅速的特点。通过互联网营销，团队能与更多潜在客户建立良好的沟通渠道。在大数据和个性化推送技术背景下，能根据客户年龄、身份，有针对性地推荐信息，使得更多人了解到产品和服务。

（3）营销策略。无论是传统还是互联网营销措施，都需要一定的营销策略来支撑措施内容，主要包括产品策略、促销策略、价格策略、渠道策略等。

①产品策略，包括产品或服务的设计、款式等内容，必须结合产品或服务的实际情况和客户实际需求，利用全新举措，赋予产品或服务全新特色，促使其在客户心中留下深刻影响。

②促销策略，是指团队通过一些促销手段，实现产品或服务的销售，进而增加销售额。例如，举行活动、折扣返现、抽奖等方式，实现促销目的。团队可以将这一策略融入营销措施中，让客户更好地了解团队营销的产品服务，促使他们喜欢并购买产品。

③价格策略，是指团队通过对产品的定价进行调整而展开营销。价格策略的调整，需要考虑成本、市场和竞争等情况，以此形成有利于团队的营销措施。

④渠道策略，是指团队通过何种渠道进行营销。实际上，营销渠道本身即为综合体系，由团队内各级别营销岗位予以确定，以有效创新营销举措。其中，既需要考虑企业和团队的战略目标，也应考虑团队与各级批发商、零售商、物流配送商之间的合作关系。

2. 激励措施

在团队执行过程中，除了用优厚的物质奖励、积极的精神鼓励等激励手段外，还可以用工作本身组成激励措施，这也是团队执行过程的重要步骤。类似的激励措施，要求团队管理者能从成员成长和执行的过程中，找到最好的交汇点，以达到最大限度地激励团队的效果。

下面这些激励措施，经常被优秀团队管理者加以使用。

（1）让成员参与团队重大事项的决策。想要让团队成员兢兢业业地工作，就要为他们开辟参与团队重大决策的空间，允许他们提出个人见解和意见。类似这样的激励方式，能够将团队管理者单方面的意志，变成成员共同的决定，将企业的大目标变成成员的小目标，并在执行中一一实现。

例如，可以组织成员平等地对团队决策进行讨论，增强他们的工作责任心，使他们从中体会到更大的成就感；也可以要求成员就已有的决策提出建议意见，使措施能在细节上有所改动，更适合于成员理解和执行；还可以广泛征询成员意见，由团队搜集他们的好建议，鼓励他们为团队献计献策。如果采纳了成员的建议，应该及时给予奖励。即便没有采纳，也应该说明不可行的原因，以争取他们的理解和支持，从而提高其继续参加的积极性。

（2）授权激励。想要让成员承担自己的责任，团队管理者应学会科学放权，让成员拥有自主权，能按照自己所选择的措施方法来完成本岗位工作。这样，成员就能放开手脚，满足实现人生价值的需要。当成员的积极性被充分调动起来，团队执行的效率就会提高，整个团队的执行力也会得到提升。

（3）情感激励。团队管理者应积极走进成员内心，了解他们的想法，建立双向的情感与思想联系，从而满足成员的心理需求，提高成员的工作积极性。当情感激励措施到位后，成员会自发形成和谐融洽的工作环境，心情愉悦地开展工作。

3. 合作措施

今天的团队，越来越重视合作措施的重要性。想拥有强大的执行力，必须在执行过程中运用合作措施，这是一种以团队为单位，推进集体协作的工作措施。具体而言包括如下几点。

（1）引导成员将团队看成基本的工作单位和平台，发挥集体力量，产生 1+1＞2 的合作效果。

（2）引导成员选择有挑战性的措施完成工作，这样才能更充分地利用合作关系，互相团结帮助、取长补短，以充沛激情投入工作，直到完成工作目标。

（3）管理者本人也应对团队大力支持。想要让团队开发出更多积极措施，管理者就要在各个维度上给予不同的支持,让他们感受到合作环境来之不易,得力于团队管理者在背后的支持,从而帮助他们实现充分合作。

(4)榜样激励。对企业中的典型成员和事件,应经常进行表彰和总结,鼓励他们向榜样看齐。例如,可以采用"优秀成员榜"或"团队之星"名单等,在团队内外进行积极宣传。在榜样的带动下,确保所有人清楚自己应该做什么、怎样去做。

执行中措施的完善

帮助团队成员执行工作任务,是团队管理者最基本的任务和能力。管理者可以从日常工作着手,使得团队成员运用措施时养成雷厉风行的作风,避免拖沓延迟,以提高执行措施的运用效率,节省更多时间和精力去做其他工作。为此,改善执行措施,提高成员自觉性,显得十分必要。

下面这些方法,可以进一步完善团队的执行措施。

1. 职责分解

不要将运用每一个措施的权力,都交给团队中同一个人,要让每一位成员都能具体承担职责,都能运用一定的措施。这样,就能开发和锻炼每个成员的能力。

2. 措施程序

指导编写措施工作程序。结合对执行措施的分配计划,让每个成员具体编写并安排工作程序,以形成措施的整体运作流程。此外,在评估工作完成质量时,应严格按照工作程序进行。

3. 独立操作

在成员实行措施过程中,管理者不应过多干预。将措施具体分配到不同岗位之后,要充分发挥成员的主观能动性,鼓励他们放心大胆地面对压力,独立谋划协调,完成工作任务。

4. 及时总结

成员在完成执行措施后,管理者应及时带动他们总结经验教训。为了帮助成员总结,管理者必须学会提炼问题,分析研究其中原因,以便为新措施的更新做好准备。

03
完成期限

无论对任何团队，时间期限都是最公平的资源。在执行的各个领域层面上，期限代表的都是效率和价值。想最大限度地利用时间，团队管理者就应积极了解目标的完成期限，并学会管理期限。

执行完成期限的管理，离不开对执行目标的明确，对执行过程中各类事件价值的排序。同样，团队管理者还需要了解有关时间利用、成员身心运作的规律，以此顺应自然和社会规律，让团队在执行中更加有效地运用时间。

在铁军团队课程的训练中，很多学员深入学习团队完成期限的管理内容后，感到掌握相关的管理方法与原则，能让执行工作变得有序很多。确实，对于团队管理者而言，完成期限的管理非常重要，尤其是设立截止期限，能帮助他们更好地管理自我和成员，帮助团队提高执行业绩，为企业带来更大效益。

截止期限

如何为执行设立好截止期限？主要运用以下几种方法。

1. 计划完成任务的时间

准备完成某项工作或任务时，应提前为自己或团队设立截止日期，规定工作最晚应在何时完成。在计划时间过程中，应将转向工作或任务之外的事情考虑进去，防止这些因素成为拖延的借口。

在执行过程中，管理者不应在团队没有完成任务时，进行毫无计划的放松。如果不控制好时间，就很可能会打破截止日期，导致时间被浪费。

2. 设定专注时间

无论是管理者本人，还是团队成员，一旦在执行中出现拖延迹象，就应为自己设立专注时间，并立即开始倒计时。这样，在心理上会产生紧迫感，促使自己更为集中注意力以完成任务。

可以以化整为零的方法，运用专注时间。

例如，可以在团队内规定，将20分钟定为工作的专注时间段。在20分钟内，必须专注于眼前的执行，不能受任何干扰。20分钟专注之后，可以集体休息5分钟，例如深呼吸或者活动一下，让身心适当放松，再设定下一个专注时间短。

当然，根据执行任务的难易不同，可以调整具体的专注时间。从10分钟到40分钟、60分钟，都可以考虑。

3. 创造性拖延

所谓"创造性拖延"，即在完成工作期限内，对短期工作或步骤加以优先处理、重新调整。例如，可以允许成员将自己喜欢的工作或步骤提前完成，而将不喜欢的那部分略微推后，这样，她们就能带着充分的信心和动力去进行困难部分，并确保总体工作目标完成。

需要注意的是，创造性拖延过程中，优先处理的短期工作，必须与执行的总体工作目标有关，而不能是其他无关紧要的事情。

提前期限

在执行过程中，管理者和团队不仅要明确提前期限，更要设立有效的提前期限。提前期限能让团队具有更紧迫的执行意识，通过优化流程、完善步骤，尽早完成工作任务。

实现提前期限的主要法则如下。

1. ABC优先法则

为了在提前期限内完成工作，可以将需要完成的执行步骤分为A、B、C三大种类。根据等级分类，安排工作顺序。管理人员在管理团队时，可以要求成员依据上述法则，做好工作。此外，成员本人也可以利用这一法则，更好地掌控时间，在提前期限内达成工作目标。

ABC优先法则，如图5-2所示。

管理者在使用ABC优先法则时，应注意以下三个步骤。

（1）准确划分工作类型。其中，A类工作时最需要立刻进行的事务，这类事务不能给团队有任何拖延时间，必须在提前期限之前完成。B类工作是中等价值的，同样也应该马上进行，但并不会像A类工作那样紧迫，可以提供给成员缓冲时间，在提前期限到来时完成。C 类工作价值较低，即便成员未能在提前期限完成，也不会对整体执行成果造成严重影响。对于这类工作，可以延期到截止期限之前再完成。

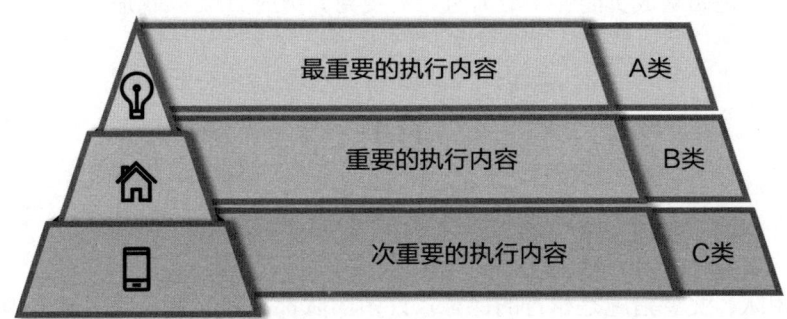

图 5-2　ABC 优先法则

（2）适当增加工作类型。如果管理者认为只有 A、B、C 类别，不足以涵盖所有工作，还可以适当增加类别，即 D 类工作。这类工作和执行的主干流程基本无关，成员可以将这类工作做完，但做不完也没有影响。团队可以认为这类工作并不存在，但如果有机会完成，就有可能得到意料之外的收获，推动执行效率。

（3）进一步细化。在执行内容较多时，将工作认为 A、B、C 级别远远不够，可以将之进一步细化，分为 A1、A2、A3 等，依此类推，让流程更为井然有序。这也能加快执行速度，提前完成工作。

2. 二八法则

二八法则认为，对于任何一组工作任务而言，都可以分为两部分，各占工作总量的 20%、80%。其中，20% 指其中最有价值的工作内容，80% 指虽然占据多数但并没有那么重要的事情。

通过运用该法则可以明确，在分析和解决问题时，应避免平均分配时间。尽管平均分配时间和精力看似稳定，但会导致难以提前完成工作，甚至可能最终超过截止期限。反之，学会抓住重点关键，才有可能实现事半功倍的效果。

例如，销售团队在执行过程中，先将成员分为 20% 和 80% 两种，然后再抓住关键，将资源倾斜到 20% 最有可能带来充足订单的客户身上。这样，才能保证在提前期限内，完成销售任务。如果对每个客户都一视同仁，给以同样的销售注意力，结果只会放缓完成任务的脚步。

在绝大多数情况下，普通团队无法做到将每件事都处理得当。管理者应该追求的状态，是团队成员能够尽最大努力，找到关键的 20% 问题加以解决。

04
奖惩措施

带团队，奖惩措施是执行的保障。许多团队都有和奖惩相关的制度内容，懂得奖惩制度重要性的管理者很多，但真正能领略其运用精髓却并非易事。

奖励要舍得

如果团队管理者无法解决成员的物质需求，就不可能打造出一支铁军团队。遗憾的是，不少管理者缺乏相关概念，认为成员是应该理所当然"讲奉献"的，很少考虑成员利益。甚至自己收入颇丰，却不愿意分给成员应有的奖励。事实证明，这样的团队往往极为短命，更不用说提升执行力。

作为团队管理者，其基本任务自然是为企业谋求利润。但他们更应在此之前去满足成员、舍得奖励。奖励成员，不但是起码的商业道德要求，也是团队执行力提升的基本技巧。如果管理者不能与成员共享发展成果，就没有人愿意和你同舟共济，团队执行力的蛋糕就无法做大。即便那些依靠一时的榨取而做大事业的团队，只要遭遇些许危机，就可能引发连锁效应，激发成员内心潜在不满，遭遇"树倒猢狲散"结局。

舍得奖励成员，主要的措施步骤包括如下几点。

（1）高薪资奖励。薪资奖励是否足够高，要看团队人事费用与销售收入的百分比，如果这个百分比与同行业平均数相比靠前，那么薪资奖励就达到了高标准。

例如，假设在当地零售行业中，该平均数达到 8%。而某团队的该平均数只能达到4%，即可认为这样的团队缺少有效奖励，管理者"舍不得"投入高薪酬。长此以往，进入团队的成员，或者是能力不足，或者是抱有"骑驴找马"的心态，暂时过渡而已。这种团队气氛，带来的成本损失，远超过给成员增加薪资的成本，同时优秀的团队成员也会越来越少，执行力越来越低下。

舍得付给成员高薪酬，成员才能对工作产生自豪感，迸发强烈的工作热情，通过执行创造让客户满意的价值。

（2）其他物质奖励。与成员共享物质利益，还包括如下其他形式。

①分红权益。由于层级或法律原因，团队管理者很可能无法对成员分配股权，但可以为成员申请分红权益，分享团队的超额利润。

②福利权益。例如工作餐、服装、节假日礼物、休息时间等。

③保障权益。例如应有的五险一金、购买的商业保险、为亲属或家庭发放的福利等。

无论给予成员任何奖励，都应该言而有信，不能吝惜投入。不少团队管理者在面对成员的物质奖励时，总认为是一种成本的"浪费"而不是投入。结果，物质奖励难以及时和充分兑现，导致成员产生失望情绪，影响执行成效。

（3）奖励应有技巧。管理者奖励成员时，不仅应"舍得"，还应有所技巧。正确运用奖励方法，选择恰当的奖励方式，比单纯的奖励更能激发成员的执行积极性。以下是正确的奖励技巧。

①奖励原因应具体。进行奖励时，应将奖励和具体的人员、工作结合起来，使成员明确为何得到奖励、如何得到奖励。

②奖励应及时。成员何时做出奖励，就应该何时给予奖励，不要一拖再拖。

③集体表彰的范围应广泛。如果是整个团队值得奖励，应以集体表彰方式进行奖励，此时应注意奖励对象的广泛性。例如，可以在设置大奖的同时，设置小奖，避免那些认为自己应该获奖的成员感到失望。

④不定期奖励。虽然月度、年度的奖励很重要，但如果过于规律化，就会让成员失去兴趣。相比之下，可以增加不定期的奖励，这种奖励由于缺乏可预测性，对成员形成有效刺激，他们为了获得这种惊喜，就必然更好投入到执行中。

⑤时间的奖励。单纯的物质和荣誉刺激作用，终归会越来越小，管理者还应

当给予时间的奖励,即向成员投入关心、培训、引导的时间。这些时间投入将成为更重要的奖励,让整个团队显得具有"人情味"。

⑥注意奖励的多样性。除了物质、荣誉奖励之外,也应及时给予表现优异成员以精神奖励,例如,保护他们的创新工作、承认其个性、提拔担任更重要的工作、给予培训机会等。

⑦奖励应公开。有些团队的管理者习惯于秘密奖励,例如,私下给重要成员发红包等,这反而会增加成员之间的猜忌,影响执行的积极性和团队气氛。同时,即便成员获得类似奖励,也无法进行横向比较,更不便大张旗鼓宣传,也就不容易形成公开竞争的良好氛围。

处罚要够狠

在华为,奖励是充分及时的,而处罚也足够严厉。华为内部有非常严格的行为准则和规章制度,无论成员职务有多高、资历有多深,做出过怎样的贡献,只要违背了团队的规章制度,就会受到严厉处分。

在《华为四张脸》这本书中有过这样的记述。曾经有一位华为资深成员,是华为开拓国内市场的元老,属于销售"状元",当年曾经创下了在某省销售10亿元的最高纪录。但是有一次休息时,他偷偷和同事打麻将,被发现后,包括他和所有参与者,全部接受了通报批评和降薪处分。

华为对有关业务操作的错误,有相当容忍度。团队容许成员屡败屡战,但要求及时总结经验,也不会对正常工作过程中的失误给予处罚,只会根据业绩确定奖励多少。但华为对违反公司规章制度的成员,会给以严厉处罚,因为这关系到整个团队的职业道德和执行操守。

某年春夏,华为主抓"信息安全"工作,公布实施了严格处罚制度。刚开始,成员并没有给予充分重视。为此,公司很快就发现了几个典型,很快,公司高层作出对他们进行通报批评和降薪的决定。其中还包括公司的常务副总裁,而他所犯错误,只不过是在出门前,忘记将笔记本电脑中一些处理过的文件删除,而违反了保密原则。

在华为的处罚条款面前，确实做到了人人平等。从此，再也没有人轻视信息安全制度了。华为对成员的奖罚，可谓是"恩威并重"，起到了很好的实际效果。

管理者在应该运用"大棒"的时候，就应亮出"大棒"。身为管理者，拥有处罚的权力，就应该在一开始找到错误最严重、最典型的人员，将之打造成为反面教材，按照制度进行严厉处罚。这种"杀一儆百"的做法，必须雷厉风行，给整个团队以必要的震动，让团队其他人员感受到制度的严肃性，产生强有力的威慑性。

05
挑选检查人

团队的执行过程，并不是机器流水线的自动运作，而是拥有意志、感情与缺陷的人类在工作。只有选出正确的检查监督人选，才能让原本缺乏工作热情和积极性的执行者，一跃成为勤奋努力的成员，从而提升执行效率。

在世界闻名的丰田工作法中，检查监督人员扮演了重要的角色。由于丰田工作法对所有工序都实行标准化，所有未能达到标准化的工作，都要进行检查。因此，检查监督人员必须首先整顿好自己负责的生产线，即制定标准，决定材料和零件的存放场所和数量，设立看板、呼叫按钮、停止按钮和工序指示灯等。

在完成这些工作后，检查监督人员需要严格执行相关标准规定，实际观察和判断执行规定的结果。他们应该对现场出现的问题进行分析，并及时采取相应措施。此时，检查监督人员面临的最重要问题，就是识别哪种现象正常、哪种现象反常，一旦出现反常现象而未能发现，即可以认定为检查监督人员的失职。

除了专职检查监督人员外，丰田还鼓励成员互相检查。他们对成员实行多工作岗位的交叉培训，要求成员在执行本岗位工作之前，先检查前一道工序的工作和质量。

通过上述方法，丰田的检查监督体系发挥了很好的作用，其成品瑕疵不到1%，大大提高了生产效率。

在团队中，检查监督人员的挑选、培养和使用至关重要，将很大程度上决定团队的工作质量。其理想的原则和方法如下。

1. 对检查监督人员的要求

检查监督人员，应严格正直、检查到位。他们必须经常在现场指导和监督执行工作者，包括集中注意力于执行者的工作质量，尽量不离开负责的执行现场。同时，团队也应根据实际情况，增加人手，保证监督检查人员不为杂事所分心。

检查监督人员不能脱离执行队伍，他们必须亲自指导和监督执行人员，而不是将每一项责任"甩"给基层成员。

2. 检查和监督的方法

检查监督人员不应该将执行者看成一个"零件"，而应该将他们看成具体的、拥有独立性的人员。只有这样，才能针对每个人的不同特点，开展具有针对性的检查监督。

不同执行成员的想法、能力、态度、习惯都各不相同，其作业方法和状态也存在差别，他们往往难以理解抽象的指导，因此，检查监督人员必须针对具体问题，采取具体指示。

3. 加强检查监督队伍的建设

在大型团队中，检查监督队伍的建设尤为重要。检查监督队伍建设，首先应着眼于强烈的热情和信念，因为信念总是比技术、经验、履历更能鼓舞检查者。此外，检查监督者还应该有一定的权限，如指定加班、绩效评估、分配作业、调配人员等权力。

在检查监督队伍建设中，还应该建立良好的组织架构，以便于队伍开展工作。例如，建立可以迅速报告、采取措施的扁平化队伍组织，只需要一名管理者即可开展检查。在挑选检查监督队伍人选时，尽量不要根据技术水平，而是根据责任心、影响力、执行力、指导能力等来挑选。

4. 选检查方法

对执行结果的检查，有助于达成执行目标。因此，在执行任务的终点，必须进行结果检查。如果任务或项目较大，还应在执行过程中进行中期检查。此时，不仅要选对检查人选，还应提前选择正确的检查内容和方法，以实现良好的检查效果。

（1）检查内容。团队管理者应定期复盘年度、月度、每周和每日检查计划。其中主要内容如下。

①已经安排的任务、目标完成多少？

②获得了哪些结果？

③哪些任务尚未完成，原因何在？

④是否存在资源浪费情况？

⑤如何规划下个时间段的执行过程？

（2）检查工具。检查与执行一样，需要提前进行规划以便实施，从而在检查过程中采取调控和修正措施。如果是为了处理错综复杂的工作任务，管理者应当准备一张检查表，将有关检查结果录入到表中。

检查结果表，如表5-2所示。

表5-2 检查结果表

序号	任务目标	日期时间	目标值	实际值	偏差原因	处理结果

利用表5-2所示的检查结果表，检查者可随时根据检查的实际结果进行记录与分析。

管理者还应利用检查机制，引导成员结合自我工作时间的管理，在结束每日工作时，不仅检查工作任务的完成情况，还应对个人当天工作情况进行反思和回顾。

在普通团队中，自我检查的主要内容如下。

①今天我是否给周围的团队成员带来价值？

②哪些琐事占用了我原本的工作时间和精力？

③是什么人、什么事情阻碍了我原本的置信水平？

④我在哪些地方犯了错？

⑤我是否应该对有些事情说"不"？

⑥我今天有哪些收获？

⑦今天是否做对了靠近目标的关键工作？

⑧哪些地方我可以做得更好一点？

当然，上述内容繁多的检查内容和方法，在紧张执行之后通常并不一定实用，或者经常用过一次后就束之高阁。为此，团队管理者可以向成员推荐"五指检查法"，即快速检查法。

①大拇指对应思维结果，即检查今天获得了哪些知识和经验。

②食指对应目标达成，即今天做了哪些事情，取得了哪些成绩。

③中指对应精神状态，即今天工作的情绪和心情如何。

④无名指对应建议和帮助，即今天给团队、同事或客户，提供了怎样的帮助和服务。

⑤小手指对应身体状态，我今天的健康状态如何，是否适应工作压力。

快速检查法，可以由成员本人随时随地开展检查，便于团队成员即时进行状态和结果的评估，以便指导随后的执行过程。

06
公众承诺

团队执行的成败，取决于团队成员对彼此以及整个团队的公众承诺。当管理者能利用公正承诺方式，激发成员的潜能，他们就再也不会为自己寻找任何理由和借口，团队成员都只有一种想法，那就是要完成执行的目标。

任何团队刚组建时，都没有明确目标，其成员也不清楚自己能发挥多大潜力。正是管理者帮助他们设立目标，并让他们当众作出承诺，他们才会没有理由将责任推卸给别人，从而彻底斩断犹豫、怀疑和恐惧等心理，让他们只能一路向前。因此，作出公众承诺，是杜绝借口的重要武器。

团队成员每个人都有其自私一面，都会考虑到自身利益和感受。如果管理者将执行目标解读为外界强加给他们的压力，他们就会与之产生距离，逃避努力实现目标的痛苦。反之，当成员进行了公众承诺，实际上就与管理者达成了共识，他们也就对自己提出了要求。在提出如此要求后，他们才会全力以赴地为实现承诺而努力付出。此时，他们的执行努力是为了兑现自己说出的话语，而不是为了企业、客户和别人，当他们自己想要做到的时候，才会真正下决心去全力以赴。

在铁军团队培训课程班里，曾有过一位许姓经理人。通过学习当众承诺后，他的愿望被彻底激发了。在全公司召开的会议上，他高喊："我，从今天开始，一个月要带领团队打破原先的销售纪录，如果不能做到，我就去剃光头！"许经理还给身边所有亲朋好友发去信息："如果我这个月工作目标没有达到，就会剃光头发朋友圈！"连许经理的父母都感动了，他们也表示："儿子，我们相信你能做到，如果你万一没有做到，我们就陪你一起剃光头！"

许经理设下的团队目标，在当时几乎无法完成。他的团队成员们尽管感到疑惑，但在他的要求下，对团队目标进行分解，落实为个人目标。

许经理引导成员说："一个人决心够不够大，取决于他完成目标的毅力够不够强。既然你们的目标一经定下来了，如果你们完不成目标怎么办？"

成员的表情和感觉，看上去都不像相信自己能够完成的。因为许经理设定的目标，比平时的销售目标数量要高好几倍，看上去确实很难实现。

许经理看很多人没有信心，说道："我问你们，如果现在是你们的父母、子女，希望你们在下个月之前完成设定的目标，如果不能，他们就会对你们很失望。你们觉得自己能不能完成？"

"能！"成员异口同声地回答。

"好，那如果你们完成不了目标，怎么办？"许经理问道。

"我若完不成目标，我就每天在公司做200个俯卧撑……""我若达不成目标，每天绕写字楼跑十圈……""我若完不成目标，我也和经理一起剃光头……"成员们被激励起来，争先恐后地大声当众做出承诺。许经理进一步要求他们把自己的承诺写下来，亲笔签名，然后张贴在办公室公告板上，或发布在个人微信朋友圈里。

时间一天天过去了，由于受到当众承诺目标的激励，每个成员最终都完成了自己的任务。许经理自己也不负众望，贡献了一大批订单，这个团队的业绩成了当月公司最佳。

公众承诺，是成功的开始，也是"置之死地而后生"的手段。当成员做出了公众承诺后，等于切断了个人的后路，他们将只有一个选择，即完成目标，否则就必须面对公众的惩罚。

因此，团队如果执行不力，大部分原因在于决心不够强大。而决心不够强大，在于团队成员未能扩大惩罚的痛苦，未能做出积极的公众承诺。相反，管理者和成员向公众大胆展示自己的目标，不仅会坚定自我决心，也会传递出积极自信，一个有决心有自信的人，才能使人愿意跟随和听从。

在带领团队成员进行公众承诺时，管理者需注意以下几点。

1. 公开承诺

如果承诺不是面向公众的，其意义将大打折扣。从心理学角度分析，个人对自己私下做出的承诺，其重视程度显然不如公开的承诺。这是因为公开承诺将吸引更多人的注意，其最终执行结果如何，将会影响承诺者在所有见证者心中的价值定位。一旦个人或团队做出了公开承诺，他们必然会全力以赴。

因此，对成员的承诺，必须想方设法加以公开。通过录音录像、社交软件、书面文字、备忘录、会议纪要等形式，使得成员更为重视承诺的影响和价值。

下面是一份书面承诺的格式模板。

我，×××，向公众承诺，在2021年____月____日完成_____。

目标1：_____；

目标2：_____；

目标3：_____。

完成了奖励自己_____；

完不成惩罚自己_____。

承诺人：

无论具体采取何种形式的公开承诺，都应写清楚时间、任务内容、完成的奖励、未完成的处罚内容等，使大家了解承诺的目标，随时进行监督检查。

2. 力量和呐喊

在准备和表达承诺过程中，团队管理者必须注意形式设计，尽量使参与其中的成员充满力量，以呐喊的姿态，对承诺内容加以表达。这种形式既能让成员感受到自己的坚决态度，更能让他们传出的公开信息具有充分影响和传播力。这样的力量越是充沛，见证者越多，对成员形成的压力也将越大，转化而成的动力也会越强。

3. 信守承诺

公开承诺，意义并不在于公开，而在信守承诺。人们天然具备惰性，如果做出承诺而缺少监督，他们就会不再信守承诺。监督的重要性不可或缺，其价值体现在对承诺的履行上。

管理者应清楚要求成员，在做出公众承诺之后，必须不断努力，随时准备接受团队内外的检阅与挑战，以确保自己会信守承诺。

高效能团队

第六章

破障碍显大我，打造团队的方法

现代企业加强发挥团队精神，建立群体共识，是适应市场需求、提升工作效率的必经之路。从团队成员角度来看，个人的生存与发展、个人价值的充分实现，也越来越需要团队的环境支持。在此过程中，管理者应如何破除成员看待和处理"小我"与"大我"之间的矛盾？如何带领团队跨越一个又一个障碍？如何形成坚不可摧的团队精神？如何打造高绩效？这一系列问题，考验着每个团队的管理者。

01
大我与小我如何合理调节

无论是个人还是团队，通向优秀的途径可能是努力，成长为卓越的途径则必然是合作。从社会角度看，每个幸福家庭的内部，都存在着平衡稳定的合作关系。美国钢铁大王安德鲁·卡耐基曾说："如果说我的成就有捷径，那么捷径就是与人合作。"

团队正是帮助成员相互合作、融小我与大我为一体的平台。

小我和大我

所谓小我，来源于人人都有的利己想法。通过"小我"，团队成员表达出不同的角色和立场，体现不同的诉求和自我保护，关注并维护个人的感受、情绪，寻找自我的存在感和安全感。

从成员进入团队的那一刻，他的"小我"也成为团队的一员。正因为存在着"小我"，成员才希望获得更满意的报酬，更轻松的工作压力，渴望不受影响和控制，获得自由、开心、快乐。"小我"充满情绪化和利益追求，但却是合理的存在。如果成员在团队中完全丧失"小我"，他们对团队也就毫无感情和关系可言。因此，团队管理者应该承认"小我"的合理性，去观察、把握、利用成员心中的"小我"。这是一切管理行为的出发点，任何否定和抹杀"小我"的管理内容，都是不完整的。

然而，团队文化又不能只看到"小我"，更要关注"大我"。过多强调"小我"，团队气氛会变得松散浮夸，团队成员则会表现出自私、骄傲、嫉妒、贪婪、对立等缺点。只有"小我"的成员，或者不能理解他人，或者不能包容他人，当团队利益与"小我"利益发生冲突时，则优先考虑个人得失，关注自己想要的结果，而忽略"大我"的需求。

当团队成员更多地拥有"大我"特质，他们会表现出更多的包容、接纳、积极、主动、团结和无私态度。这些态度能很好地推动团队的进步、业绩的提升，甚至可以认为，团队的每一步提升，都在于"大我"战胜了"小我"，团队的每一步后退，都在于"小我"战胜了"大我"。

小我和大我的调节

团队中，"小我"与"大我"的合理调节，是上至管理者、下至普通成员都必须面临的问题。一味强调为"大我"牺牲"小我"，或只看到自身利益而看不到团队利益，都并非良好的解决办法。

优秀的管理者，要懂得在两者之间合理调节、谋求平衡，要带动成员进行心态反省和调整行为。这是因为"小我"与"大我"之间，并非互相抑制、此消彼长的绝对对立关系，真正成熟的团队，不仅能在两者之间获取平衡，更让两者相互促进、共同进步。

某互联网科技企业，成员平均年龄只有29岁。团队管理者希望他们能跟上市场的高节奏变化，于是采取了"投资人"的团队发展战略，确保在团队取得成功的同时，个人也能得到成长的机会。

在这家企业，经理就是教练，他懂得应该如何培训成员来帮助他们将工作做得更好，不是"命令"他们做事情，而是"教会"他们做事情。这样，既能保证每个成员都可以在工作中有所学习和收获，也能保证他们迅速成长，成为行业内的高手，极大地发展企业团队的力量，使得企业迅速打开市场局面并快速扩张。

团队管理者在指导成员工作时，应力求设计合理的团队结构，使每个人的能力获得充分发挥。这是对"小我"的真正尊重。

另外，没有完美的个人，只有完美的团队。唯有建立健全的"大我"，团队才能立于不败之地。

管理者应帮助成员认识到，作为团队的一分子，优秀的成员总是会自觉地找到"小我"在团队中的位置，能自觉服从团队运作的需要，他们会将团队的成功看作发挥"小我"才能的目标。这样，成员才不追求成为自以为是的"个人英雄"，而是努力充满合作激情、克制自我,与整个团队共创辉煌。

在团队中,同事应将彼此之间看作亲人、朋友和知己,相互真诚合作,将团队的事情看成自己的事情,将他人的事情看作自己的事情,将集体的工作看作自己的责任,这才是成熟成员应有的表现。

更重要的是,管理者应强调,当"小我"的利益与"大我"的利益有所冲突时,必须强调以团队长远利益为重。因为只顾"小我"的人,是自私而缺乏远见的,他们无法理解与他人合作的快乐,更不知道与人合作能创造出独自无法创造的价值。

"小我"固然有其意义,但"大我"主导下进行的内部合作,才能更好地解决问题,使得团队力量更大、人心更齐。

片面"小我"与"大我"主导的六种现象对比,如表6-1所示。

表6-1 片面"小我"与"大我"主导的六种现象对比。

片面"小我"	"大我"主导
独赢,难以长久	多赢,共同发展
计较,势必孤立	大度,最终获益
对抗,四面树敌	合作,相互支持
自我意识,不顾他人	整体意识,境界提升
自我表现,所获不多	全局为重,做大蛋糕
引发小我,体验狭窄	引发大我,体验完美

管理者应结合上述六种现象的对比,引导团队成员认识到片面"小我"与"大我"主导结果的优劣,以期成员能正确调整心态,确保团队工作气氛的正常。

02
阻碍团队走向卓越的九种障碍

在团队从建立走向卓越的过程中,管理者和成员必须了解那些会阻碍团队进步的障碍。如此，每一位团队成员才能强化有利因素，改进阻碍团队成长的问题。这些障碍主要包括如下九种。

1. 团队中缺少信任

团队成员之间相互不信任，则无法形成真正合作的力量。结果，个人的力量无法融入一起，形成团队的力量，团队的力量也难以转变为个人的执行态度和效能。

在团队中，究竟什么能让成员感到真正的幸福？是优厚的待遇、人性的管理，还是温暖的文化、科学的组织架构？其实，这些都必须建构在信任之上。在团队中，成员的职位只是代号，拿去代号，他们都是普通人。普通人想要组建成真正的团队，就必须能从团队获得信任感。

海底捞的服务员，可能是中国餐饮业界里权力最大的服务员。从这家企业创立开始，所有基层服务员都拥有赠送客人礼品、加送菜品，甚至是直接免单的权力。当时，在其他饭店，这根本是不可想象的。有人问海底捞创始人张勇："如果每个服务员，都有免单的权力，那你不担心他们用这个权力，让自己的亲朋好友白吃白喝？"张勇回答说："如果是我给你这个权力，你会这样做吗？"

想要让整个团队互相信任，管理者必须先信任成员。而作为成员，也应该对管理者这样的信任予以珍视。只有打破信任的鸿沟，团队融合的障碍才会消除。

2. 缺少为团队负责的人

当团队中每一位成员都为团队负起责任时，团队就很容易获得成功结果。相反，如果所有人都觉得团队的成败与自己无关，这个团队很难成为卓越的团队。

没有责任心的人，不可能成长为团队中合格的成员。因为团队执行过程中出现的小错误，如果由于责任心缺失未能被发现，就有可能在未来对企业造成重大损失，包括客户损失、企业品牌损失，这些损失绝非生产成本浪费所能衡量的。

因此，管理者必须引导成员意识到，团队成员的一举一动都会影响整个团队。只有对团队负责，才是对个人的真正负责。

3. 缺少解决问题的人

有些团队中，总有成员不断地提出问题，但始终没有人提出解决方案，导致团队其他成员更没信心，影响团队的凝聚力。

在高效团队和落后团队之间，最大的差异在于解决问题能力。管理者应该用下面方法，帮助成员成为解决问题的高手。

（1）承认问题。如果问题确实存在，从管理者到成员就都要承认现实。如果逃避问题、视若无睹，团队就会受到现实的惩罚。

（2）分析问题。寻找出现问题的根本原因。实际情况往往是团队在大多数过程上做得并没有错，错误发生在关键环节上。当团队清楚错误出现所在，就更容易改进了。

（3）发现不同点。管理者应及时带领团队，总结问题特征，发现其与过去问题的不同点，或者凸显和其他问题的区别。

（4）鼓励成员。管理者应鼓励成员，既要从过去的经验中汲取解决现有问题的方法，也要从解决现有问题过程中，尝试创新措施。

（5）准备对策。管理者应帮助成员积极做好准备，研究对象，并顺利解决问题。

4. 缺少贡献者

组织不成长的核心因素，在于缺少真正为组织贡献的人。在那些平庸的团队中，大部分成员将关注焦点放在自身对错上。他们认为，"只要我不错就好，错了也是别人的事情""公司没发展好不是我的责任，反正我没错"。这样的成员不敢提想法，不敢突破自己，也不敢站出来为公司承担责任。这样的团队也注定在平庸中运行。

管理者应培养成员的贡献意识，要求他们独立设计和执行方案，甚至能做到在他人不知道的情况就将问题解决。如果团队缺少这样的风气，管理者应检查团队文化，调整其中可能导致保守僵化的组织架构。如果缺乏解决问题的技能，就要结合该原因开展培训，提升成员的工作能力。

5. 都不想被领导

在平庸的团队中，每个人都想当指挥，想做主角，却没有人愿意脚踏实地。

管理者应帮助成员意识到，如果人人都想做主角，团队内就没有配角，也就无法形成合力。更何况，只有在解决问题过程中做好配角的人，才有资格成为主角。只有学会被领导的人,才有机会成为一位卓越的领导者。

因此,团队成员必须在解决问题过程中,学会去支持自己身边的人。支持身边的人,就是在支持自己。

6. 缺少必胜的信念

团队无法走向卓越,还在于成员遇到挫折就会产生放弃的念头,导致团队的内耗,使团队的集体能量下降。

管理者如果任由放弃念头发展,就会导致团队越来越落后。只有屡败屡战的团队,才能成为卓越的团队;只有永不言败的团队,才有机会反败为胜。管理者应告诉成员,不到最后一刻,每个人都有机会成为冠军。只有坚持必胜的信念,才能激发勇往直前的勇气。

7. 心没有真正在一起

当团队成员的心理感受无法拉近、内心注意力不在一起时,他们很难放下自我,更不容易产生默契。因此,管理者应努力以统一的方向、标准、内心感受去要求团队成员,要求他们能真正走到一起。

心在一起的团队,除了要有彼此信任,还应具备如下特征。

(1)相互沟通。沟通是凝聚团队注意力的关键因素。管理者应在团队中倡导实事求是、及时沟通的氛围,要求成员能随时就问题和同事、上下级、客户沟通,以取得理解,避免不必要的误解和矛盾。

(2)确立意义。在团队成员的心中,意义有时候比利益还要重要。团队想要不断成长,就需要管理者为每一次合作赋予意义,要让团队成员看到,通过每个环节上的合作,能获得自己原本无法爆发的潜力,能更接近成功的目标。

8. 动力不够

团队不能走向卓越,还在于成员未能发自内心地认识到,团队赢,自己才能赢。在很多团队内,大部分成员都被动等待管理者和优秀成员的带动,而不是自己主动站出来带动其他成员,如此等待和被动的心态,导致团队越来越落后。

团队前进的核心力量,来自成员彼此的带动。管理者应倡导"动力互补"的工作氛围,在成员集体中提倡互相帮助、轮流肩负重任,当成员明白这一点,就会形成"你累了我来带动你,我累了你来带动我"的良好情绪反馈,而这才是真正卓越团队的特征表现。

9. 没有达成共识

许多团队内的成员背景好、能力强，但缺乏共识，导致团队成长始终无法推进。这些团队内部意见不统一，存在多种声音，难以达成达不成共识，导致内部缺乏凝聚力，形成各种分歧，前进方向无法明确，也耽误了训练与执行的时间。

管理者应该强调，越能快速达成共识的团队，越能够快速创造胜利的结果，越能快速创造辉煌的业绩。在团队工作中，如何理解市场、看待行业、服务客户、获取利润、评估机会、解决问题等，都存在共识与否的前提。共识建立如何，决定团队能否走得更远。因此，团队管理者应积极凝聚成员的看法和想法，促成长远共识。

03
"大我"的智慧如何影响团队

"大我"的智慧，虽然与人们日常生活中的自我意识有较大差别，并非理想化的状态，也并非遥不可及。在团队中建立"大我"的智慧，能给所有人以正能量，可帮助团队快速成长。

1. "大我"是对"小我"的超越

所谓"大我"，是对"小我"的超越，是团队成员冲破自我意识壁垒，为他人、为集体、为社会谋求利益的精神。

提出"需求金字塔"理论的著名心理学家马斯洛，在研究中发现，当人们只是一味追求自我实现，就很容易陷入狭隘的个人中心。他进而提出 Z 理论，增加了"自我超越"的人性需求。这种需求就是超越"小我"、达成"大我"的力量根源。

现实中，当一个人超越了"小我"的感受，而以团队发展为己任时，就能获得"大我"所赋予的强大内心力量。在团队中，当成员内心只有"小我"，他们就只会将团队气氛变得更加"小我"。反之，当成员拥有了"大我"的智慧，他们就会将这种智慧运用在团队合作中，以"大我"引发更多的"大我"。

2."大我"是对"小我"的包容

"大我"和"小我"并非对立，也不是非此即彼的选择。在"小我"意识主导下，每个人都要根据获得的信息，明确区分你我、利弊、好坏等情况。正因如此，团队成员才会有所保留，不愿全力参与到集体工作中，因为无论工作结果怎样，他们都会看到对自己的不利之处。

与此相反，"大我"的智慧是驾驭矛盾的艺术。任何真正有目标、有远见的团队，在发展、运行和持续升级过程中，都会面临许多矛盾，只有凭借"大我"的智慧，站在更高层面处理和驾驭矛盾，才能有效地包容身边的"小我"。

对团队而言，从管理者个人开始，应深刻认识到如果自己没有"大我"的智慧，身边所有人都会被培养成"小我"。因此，即便有人工作态度不够端正、能力不够强大，也应本着包容法则，站在"大我"角度原谅他们，引发他们的感动和领悟。在"大我"智慧的不断耳濡目染下，他们的眼界和格局才会不断得到拓展，而团队也会因此变得更强。

3."大我"智慧的公平性

"大我"智慧是无穷的，"大我"一旦被唤醒，团队内的公平力量就增强了很多。当团队内出现难以接纳的人物或事情时，是"大我"的智慧在接纳。唯有"大我"，才能帮助团队成员正确看待眼前的问题，面对困难的关系和矛盾。

"大我"智慧是较高层次的，"小我"智慧是较低层次的。较高层次的可以接纳较低层次的，较低层次的很难接纳较低层次的，这是智慧接纳的规律。

"大我"的智慧，会让接纳的管道变得畅通。"小我"则会堵塞接纳的管道。"大我"出场时，总会让成员感受头脑灵活，充满智慧。"小我"出场时，则会让成员感受消极负面的情绪。因此，团队要提倡"大我"智慧，唤醒每个人的内在"大我"。

管理者应向成员强调，那些对你展现"大我"格局的人，一定是源于你对他"大我"。那些对你表现出"小我"格局的人，一定是源于你对他"小我"。"大我"智慧的公平性，在于你能学会用自己的"大我"滋养身边人的"大我"，这才是智者的选择。

04
打造团队文化的七种方法

卓越高效的团队,来自优秀的团队文化。打造团队文化,是每个团队不可忽视的重要工作。想要实现这一目标,仅依靠管理者和少数人的努力远远不够,必须依靠高效方法才能实现。

打造团队文化的七种方法,如图 6-1 所示。

1. 管理者不断完善自我

团队管理者对团队文化的创建非常重要。正如《孙子兵法》所倡导的"将者,智信仁勇严也",需要管理者从以下五个维度完善自我。

(1)智慧。团队管理者需要培养自己通观全局、审时度势的大智慧,从而做出正确决策,带领团队走向成功。他们必须具备这种大智慧,才能得到团队成员的信任,受到团队全体成员的爱戴。

(2)信用。团队管理者必须严守信用,才能在团队中确立威信,与团队成员之间形成心理契约。当然,类似的心理契约必须建立在充分信任基础上,团队有了这样的心理契约,才便于规章制度的落实、正常工作秩序的建立,有利于团队文化的建设。

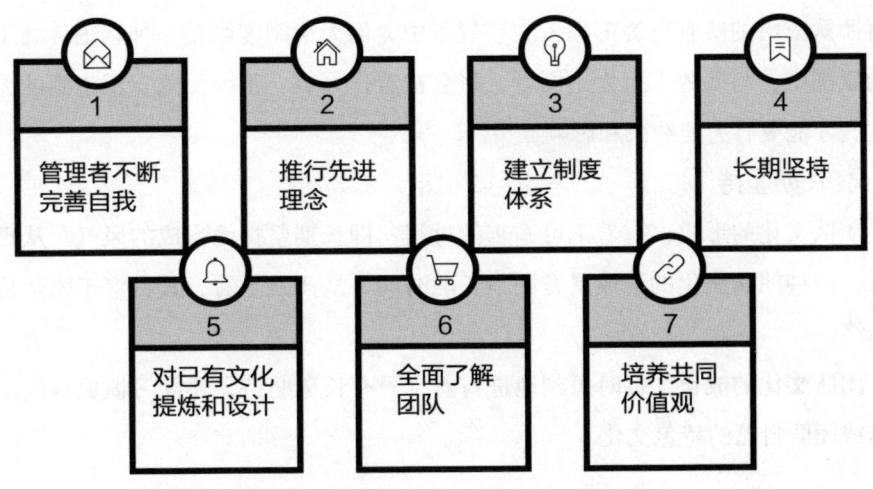

图 6-1 打造团队文化的七种方法

（3）仁爱。团队管理者应该像爱护自己那样爱护团队成员，关心他们的工作和生活，与他们进行心灵沟通，才能最大限度地凝聚人心，调动他们的工作积极性，确保团队文化深入人心。

（4）勇气。工作中，团队总会遇到困难，无论困难有多严重，管理者如不体现出超过常人的勇气与冒险精神，很难激发成员战胜困难的勇气。当管理者具备这样的精神，团队成员才会受到激励，看到希望。

（5）严格。团队管理者必须严格要求团队成员、严格执行纪律，避免整个团队变成一盘散沙。

团队管理者不可能生来具有这些素质，他们同样需要在团队实践中不断认识和提高相关能力。

2. 推行先进理念

团队不可能离开先进理念的指导，理念能让团队清楚地看到未来的发展前景和方向。

3. 建立制度体系

团队必须拥有完善的制度体系，才能使团队成员亲身理解体会到理念的价值，才能规范团队成员的行为。

完善的制度体系，通常包括两个方面。首先是有形制度，每个团队都有这样的规章制度，包括行为规范、奖惩制度两部分。其次是无形制度，有形制度不可能将团队成员的所有行为都列入文字规章中，而无形制度则是一种氛围。处于这样的氛围中，与多数人行为不同者，将会被看作另类。正因团队有了正确的无形制度，才能更有力地约束和影响成员。

4. 长期坚持

团队文化的形成，有着不可逾越的过程，即长期坚持而形成的风气。从理论上看，一种团队文化的形成具有相当长的时间，从实践上看，其贯穿于团队运作的始终。

团队文化的成长，每时每刻地进行着。只有长久坚持，才能习惯成自然，进而养成团队自己的特色文化。

5. 对已有文化提炼和设计

在打造团队文化前，应对团队的现有文化进行分析和诊断，并在其基础上提炼和设计。通过最初的分析诊断，能够明确现有团队文化的精髓，对其中负面消极的因素去除后，进行科学而符合现实需要的设计，以形成优秀的团队文化。

6. 全面了解团队

主要应了解团队性质、团队外部环境、团队形象等，目的在于确保即将制定与打造的铁军团队文化符合实际情况，并具备较强的可操作性，能有效发挥团队文化的积极作用。

7. 培养共同价值观

共同价值观是团队文化核心。团队管理者应通过教育、倡导和宣传等方式，对不同成员进行价值观念培养，使其形成共同价值观。

高效能团队

第七章

**有嘉许能蜕变，
打造团队能量的方法**

20世纪，伟大的物理学家阿尔伯特·爱因斯坦提出了著名的质能方程式，揭示了"物质即能量"的宇宙哲理。团队由人构成，人由物质构成，因此，团队本身也是能量聚合场，其中每个人，都是一个能量场。

当团队内部的能量场强，整个团队的竞争力都会更强。带团队，就是带能量。嘉许团队，团队的能量就会迅速提升。

01
爱的价值与如何发现爱

在任何团队中，人都是最重要的因素。作为团队管理者，必须认识到爱的价值，让团队成员感受爱、发现爱，引发他们情感上的共鸣，凝聚成为团队的能量。

爱是每个人前行最大的动力。团队成员努力工作的背后，来自对家人的爱，他希望通过自己的努力，让家人能过上更好的生活。同样，一个管理者能打造出优秀的团队，也包含了他对追随者的爱，他希望通过自己的努力，让追随者获得荣誉。

因此，管理者必须正视爱的力量。世界上最令人温暖的力量来自爱，而促使团队有所成就的动力也来自爱。当团队成员在未来回首往事，职场奋斗的经历会像放电影一样出现在眼前，其中最让他们感动的就是"爱"。爱是奋斗动力的来源，是卓越团队成功的秘密。

美国著名的精神科医师大卫·霍金斯博士，在长达 20 年的时间里对不同种族、文化、行业、年龄的人们进行了实验。经过充分研究和缜密统计分析后，他得出了上百万个标度数值，最终形成了意识能量层级理论。

在该理论中，能量层级可以表示人在不同情绪或精神状态下的能量大小，并按照强度数值大小，对人的能量场进行归类。霍金斯用 0～1000 的数字范围来标注能量层级，这些数值之间并非线性关系，而是指数关系。因此，即便能量层级指数只提高了一点，实际能量却增强很多，能量层级越高，能量的增长率就越惊人。

在能量层级中，200 这一标度非常关键。低于该层级的情绪状态，通常属于人类负面情绪状态，包括骄傲、愤怒、恐惧、悲伤、冷淡等。高于该层级的情绪状态，属于人类正面情绪状态，包括勇气、主动、宽容、明智等。显然，在绝大多数情况下，负面情绪状态是有害的，尤其会对职场上的个人和团队，会带来消极破坏的作用。而正面情绪则是有利的，会带来积极而有建设性的作用。

在该学说中，位于能量级 500 左右的正是"爱"。这里的"爱"，不是普通的亲情、友情或爱情，它不是思维的产物，而是内心的自然流露。这种"爱"是无条件而恒常的，具有很强的包容性。在真正仁爱者的心中，爱并不依靠苛刻的外界条件，而是他们与外界联系的重要方式。因此，他们总是抱有纯粹的目的，努力用自己的价值，提升别人的生存状态。他们所有的表达与关注，都集中在生命的美好上，以期在无形中获得幸福真谛，因此，他们经常能成就非凡的事业，也能带领团队走向幸福。

管理者必须要求团队成员要为团队的能量聚合做出贡献，将爱灌注到自己的能量场，再用这样的正能量场去改变团队的气氛，让团队更有信心、有决心去面对挑战目标。团队成员的每句话、每个行动，都应该让周围人具备更强的工作状态。这是成员的工作义务，也是他们对"大我"的关爱。

团队成员如何去发现爱？管理者可以用"外修能力，内修能量"的原则去引导他们。

能力，是一种平面性质的工作能力，大多是单向维度的。这种工作能力，往往由一个人的职位和专业决定。工作能力的影响范畴，经常局限在职位所及、专业所涉的范围内，表现为外在的工作水平。

能量，是一种立体性质的影响能力，表现为个人长远而稳定的内涵。"三流人依靠外界给予能量，二流人依靠自己给予能量，一流的人给予他人能量"。

管理者应以此为依据，激励成员在每个人的职位、专业基础上，通过人格修炼，拥有更充沛的能量，再将之传递出去。获得"爱"这一澎湃能量的人，与整个团队脱离了纯粹的合作、领导、管辖关系。他对所从事的领域、所服务的人群、所规划的愿景、所生产的产品、所提供的服务、所达成的目标等，不是由于命令，而是由"爱"来塑造和传递。在爱的感召下，他成为真正的赋能者，并得以去感召身边每个人。

团队内的爱，就是一种超越时空的能量，能将个人的能力和能量，融合为组织的能量、企业的能量，形成更为巨大的"场"。管理者如果帮助团队获得这种能量，就能使团队自我复制孵化，形成卓越的人和事，远远超过了管理者个人的影响力。

02
爱的五种境界

如果将人分为两种，一种是有爱者，另一种是缺爱者。成功的团队之所以成功，并不是因为团队成员天赋异禀，而是因为他们内心有爱，这种爱的力量，让他们认定自己必须有责任，为他人和集体带来变化。相反，失败者之所以失败，是因为他们缺乏爱的力量，忽视了境界提升，稍微遇到困难和矛盾，就暗示自己"缺乏能力"。久而久之，成就的差异也就充分体现出来。

爱的力量，是能够引导团队挑战困境、积极奋斗的正能量。在激烈的市场环境中，每个人都应该去积极享受工作和生活，勇敢面对挑战，因为每个人内心都有着积极向上的爱。但很多时候，人们却对之视而不见、充耳不闻，这恰恰证明，团队想要成功，必须提升爱的境界。

爱的境界，很难用语言表达清楚。在团队工作中，它是潜在的，也许早已在不知不觉间，帮助过整个团队很多次。例如，当团队新人成长过程中，当他们勇敢跨出第一步时，是爱的正能量发挥了作用，是整个团队的爱，告诉新人不要担心，要相信自己敢于走下去。因为爱，让新人发现和相信自己的能力，才能更好地去追求目标。反之，如果团队管理者或成员感受不到爱，难以产生相互信任，就不会去行动，团队提升的机会就会白白溜走。

因此，唤醒内心的爱，获得境界的提升，团队才会步入崭新的世界，而团队成员将能进入新的人生维度。

爱的境界，总共有五个层次，如图 7-1 所示。

爱的五种不同境界层次，它们普遍存在于生活和工作中的每个人身上，并体现出不同的行为结果。

1. 要求的爱

要求的爱，又被称为婴儿的爱。正如儿童，他（她）们并不知道什么叫真正的爱。而只是要求，"妈妈，你给我这个""爸爸，你帮我买那个"。如果父母没有满足他（她）们的要求，儿童就认为父母不够爱他。

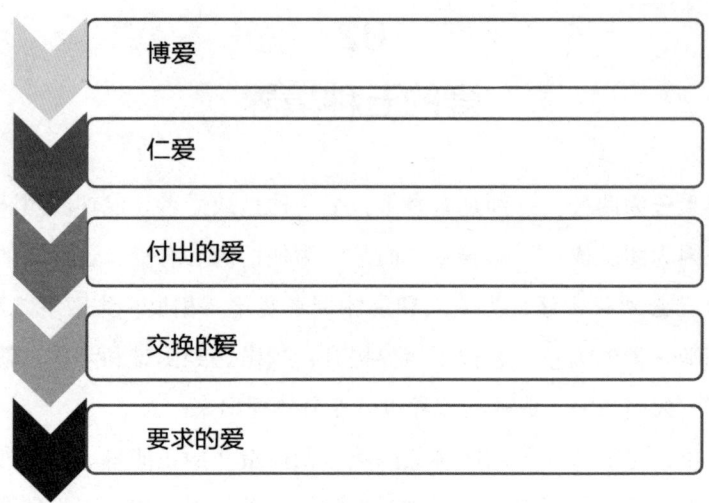

图 7-1 爱的境界层次

要求的爱,不是真正的爱。但很多人即便成年,对爱的理解依然停留在这个层次。他们进入团队,是想要从团队要求机会、索求利益。这样的爱层次最低,最不具备正能量。

2. 交换的爱

交换的爱,认为"你爱我,我才会爱你""你对我好,我才会对你好"。在团队中,也存在很多这样的成员,他们将工作看成赤裸裸的利益交换,将团队中每个人都看成交易对手,无论他们向团队付出了什么,都希望立即获得自己认同的回报。

交换的爱看似成熟,但其能量却同样薄弱。因为无论何种形式的交换,在不断重复过程中,总有可能让其中一方出现"不公平感"。当这种"不公平感"日积月累,爱的力量就会消失殆尽。这也解释了为什么许多团队起初能团结一心,而随着事业的推进,却逐渐人心涣散,甚至分崩离析。

3. 付出的爱

付出的爱,即无条件给予的爱。父母对子女的爱,往往是付出的爱,即无论子女境遇如何,父母都会给出应有的爱。正因如此,父爱和母爱才会在千百年来被传颂讴歌。相比"交换的爱",付出的爱更强调"我先给别人结果",而不是"别人给我结果",这体现出爱的主动无私。

付出,才能杰出。团队的能量场中,如果有了这样的爱,管理者会为了成员而付出,成员会为了同事而付出,所有人也同样会为了管理者付出……在付出的过程中,没有利弊衡量,没有权益博弈,这样的能量会将团队带上新的境界。

4.仁爱

我国古代先人所创造的灿烂文化,至今仍然在放射光芒,其中的"仁爱"思想,为现代团队管理提供了丰富的思想养料。

团队管理者应深知,团队最重要的资产是"人"。只有施行"仁爱",让身边的人感受到团队温暖,他们才会更爱团队与同事。因此,在团队管理过程中,应充分注重人性要素,以发掘人的潜能。

5.博爱

人与人相处需要仁爱,而团队之爱最高的境界是博爱。博爱意味着不仅爱人,更应热爱生活,热爱世间万物。

博爱者眼中,"万物皆备于我"。无论是产品、资源,还是市场、制度,都为团队的提升和进步做出了贡献、分享了价值。同样,团队的每一次进步,都离不开所有成员、合作伙伴甚至竞争对手的关心和支持。因此,团队成员热爱身边的每个人、每一件事物,即便是竞争中的困难、合作中的矛盾,也能帮助团队更好地明确自身不足,发现问题所在,同样值得感谢。

当团队具有博爱之心,他们将获得最大的爱的能量。此时,团队成员无须教导,就会真正发自内心地热爱同事、领导和企业,他们将带着博爱的力量去为客户提供服务,为团队做出贡献。

03
敢于给别人嘉许,你才能蜕变

每个人都渴望得到别人的推崇,这是人的本性所在。无论生活还是工作中,每个人都希望获得别人的注意和尊重,并能通过及时赞扬表现出来。因此,无论是家庭、社交还是团队管理中，赞美和嘉许都起着至关重要的作用。

嘉许，是指强有力而真诚的夸奖和赞许，通常表现为充满赞赏态度的语言表达形式。当给人以嘉许，对方就会开始转变态度、接受意见。因此，嘉许是人际交往最有效的语言，敢于给团队成员嘉许，团队管理者才能开始蜕变。

人的潜力是无穷大的。能让普通团队成员脱颖而出的力量，正是嘉许。受到嘉许和肯定的团队成员，会觉得自己确实是最优秀的，同时他们也会产生相关信念，即他们所在的团队、所面对的管理者也是最棒的。这会激发他们维护团队和管理者的信心和意念。

铁军培训团队有位陈姓学员，是一家中型企业的管理者。2019年他参加课程后，意识到嘉许下属的重要性。当他回到团队时，正发现一位新来的下属小赵不够自信。

小赵说："陈总，我做不好您交代的那个项目，我从来没有接触过这样的流程，团队里也没有足够的帮手。"

陈总说："你很坦诚，至少你说的是真话。但是你觉得，我为什么要将这件事交给你办？"

"你觉得我能做好吧？"小赵试探着问。

陈总说："对，最起码觉得你有可能做好。你想想，到公司来后，你有没有努力做成哪些你从没有做过的事情？"

小赵说："确实有过，很多事情也是学会的。"

陈总说："对，我也记得是这样。所以我看重的不是你立刻能解决这个项目的能力，而是你未来的潜力，我觉得你年轻有优势，你肯定敢挑战它。"

小赵声音轻松了点说道："我不是不敢，是觉得有困难。"显然，他对困难的负面信念已经从"做不到"变成"有困难"。

"那么，你觉得是你难，还是我这个经理难？我相信，你接触一个全新的项目，就能开阔自己的视野，迟早有一天，你会像我这样，同时应对多个项目，也毫无问题。"

小赵被说服，他接受了陈经理的建议。不久之后，项目果然顺利进展了。

嘉许的力量，在于不需要多少溢美之词，而是能在最短时间内转变团队成员的负面状态。管理者应看到，当团队成员走到个人上升节点时，自身的正负能量处于平衡点上，仅靠他自己已经无法突破现状。此时，如果团队给予他的是嘉许和肯定，就能推动他继续前进，如果他体会到的是负面能量，哪怕一丝一毫，也有可能彻底改变其方向。同样，管理者从团队中感受到情绪如果充满嘉许和肯定，也能由此得到蜕变的动力。

管理者应在团队中提倡怎样的嘉许呢？嘉许的方法，如图 7-2 所示。

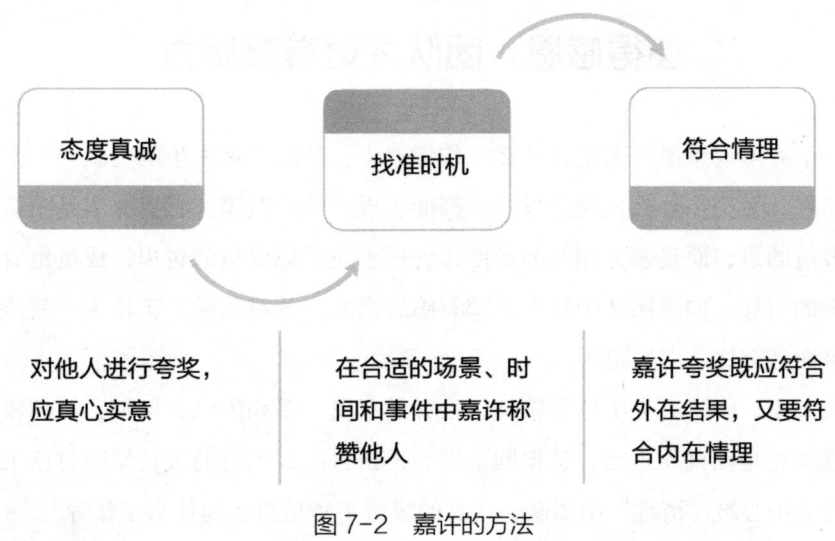

图 7-2　嘉许的方法

嘉许的方法，主要包括如下几种。

1. 态度真诚

在团队中对他人进行夸奖，应真心实意，不必刻意夸大，更不应言不由衷。否则，嘉许在对方看来就是无效的客套话，反而会让他人产生不舒服的虚伪感。

2. 找准时机

只有在合适的场景、时间和事件中嘉许称赞他人，才是有效的，才能让团队成员受到正面影响。尤其当面对那些业绩确实较好的成员，管理者对他们的称赞更应找准时机，既要看时间和场合，也要看对方的反应和态度。

3. 符合情理

符合情理，是指嘉许夸奖既应该符合外在结果，又要符合内在情理。要符合整个团队的评判标准，而不能太过片面主观。同时，还要符合被嘉许对象的内心需求，因为每个人的性格、心理需求、文化素养、表达和接受习惯都不相同，他们想要听到的嘉许也有所不同。

04
懂得感恩，团队才更有凝聚力

一个人懂得感恩，无论在什么工作境遇中，都能实现人生的飞跃。一个团队懂得感恩，无论在什么发展阶段中，都能实现集体的凝聚。感恩并不是团队管理者或成员的事，而是多方相互的态度，管理者应感恩成员的付出，成员也要感恩管理者的引导。如果团队中每个人都有感恩之心，并将其融入工作中，就能创建出和谐而富有战斗力的团队。

现实中，团队丢失了感恩精神，很容易引发一系列困境。例如，有的成员觉得管理者总是在挑剔自己，觉得同事们会排挤自己，也有的成员觉得自己工作能力不行，担心被"清理"出团队，还有的成员不清楚自己为什么工作等。

解决这些情绪困境的根源，在于树立感恩意识。团队中，如果缺失了感恩意识，道德水平下降、工作缺乏主动性，内部关系就会由此变得紧张。团队成员和管理者并不是对立的关系，尤其在当下，两者之间正呈现出新型合作和互惠共生的新关系。

管理者应引导成员意识到，企业和团队为他们提供了就业机会和锻炼平台，帮助他们提高能力和素质，这值得成员的感恩。同样，成员用努力工作去回报企业和团队，执行管理者的战略规划，也值得集体和领导对其感恩。只要心怀感恩，无论在任何岗位上，都能实现事业境界的提升，促进工作业绩的飞跃。

松下幸之助是日本历史上最成功的企业家之一，他以小学学历、100日元，创立松下集团,并最终使企业成为世界三大电气企业之一。松下幸之助说:"当成员有100人时,我必须站在成员最前面,身先士卒,发号施令;当成员有1000人时,我必须站在成员中间,恳求成员鼎力相助;当成员达到1万人,我只要站在成员后面,心存感激;当成员达到5万人,我除了心存感激,还必须双手合十,以拜佛般的虔诚之心来领导他们。企业最大的财产,就是人。"

由于管理者对成员心存感激,团队成员才会觉得自己受到尊重,并充分意识到自身重要性,在团队中找到归属感。

管理者不仅要求自己感恩成员,也应该要求成员学会站在团队立场上思考,去考虑集体利益。当他们是一名普通成员时,应多考虑同事的难处,给出应有的理解和支持。当他们成为团队管理者后,则需要考虑新人、下属和整个团队的利益,对他们给以鼓励和指导。

保持感恩心态,主要应保持以下良好心态(见图7-3)。

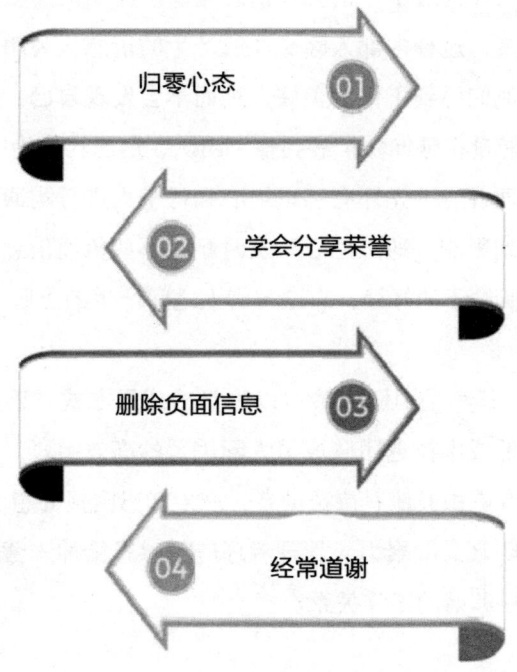

图7-3　保持感恩心态的四个要点

1. 归零心态

在团队中，不论扮演何种角色，都应该将自身心态回归到零。将自己放空，抱着学习的态度去工作，将每一次挑战新目标看作新的开始，而不是计较一时的待遇得失。只有做好这样的心理建设，拥有健康的心态，才不会妄自尊大，而是心甘情愿，全力以赴。

2. 学会分享荣誉

当成员因为成绩，而享受到个人的荣誉与物质回报时，管理者应及时提醒他们学会谦卑，懂得感谢和分享。成员不应一个人独揽所有收益，因为那样做，不仅会让其个人在最短时间内失去他人的支持，更会导致团队内产生情感鸿沟，拉大同事之间的距离。

管理者应提醒成员，过于自我，看不到别人的力量和贡献，就等于否认了他人的默默付出。相反，将所得的一切分享出去，自然能获得更多的感恩回馈。

3. 删除负面信息

在团队内部的人际沟通中，情感和信息是双向流动的。爱的能量形成了不断流动的美好情感汇聚，这种内部人际交往所产生的情感，为团队内每个人的生命注入巨大能量，让他们感到工作的美好，进而学会发现自己、珍视自己。在这样的感激之情下，正能量将延伸和扩展到整个团队，迅速转化为巨大的推动力。

为此，团队管理者应率先怀有感恩之心和每个人进行沟通，避免让情感在过多的负面信息下受到影响。通过感恩，及时删除那些负面信息，储存积极、快乐的信息，记住他人所给予的好处，忘记与别人之间产生的矛盾。

4. 经常道谢

一句"谢谢"，其实是团队内最习以为常的感恩方式。道谢并不是团队内的客套，而是能以最低成本拉近团队成员人际关系的高效手段，使得成员之间相互愉悦，也能使受助者更积极地看待帮助者，产生知恩图报的想法。

学会感恩的团队最具凝聚力。管理者理应用感恩精神来营造团队内部的人际交往氛围，建立轻松和谐的工作关系。

05
有爱的明天才会更美好

爱，是驱动团队前进的能量。在团队中，成员想要实现或拥有的一切，都来自爱。

没有爱，团队成员就不会前进，也不会有正面情绪去驱动自己做任何事，即便是起床、洗漱、出门、工作这些普通的事情，他们也会兴趣索然。因为他们在做任何事时，都很可能是为了金钱、名誉这些具体的目标，而不是发自内心地渴望。一旦他们发现通向这些目标的道路充满崎岖，需要付出巨大努力，往往就会选择退缩和回避。

管理者应告诉成员，没有爱，就没有动力鼓舞他们前进，他们也无法真正将爱变成正向积极的力量。爱的正面力量，能让成员珍视眼前的工作内容，努力去改变工作和生活中的负面问题。

铁军团队培训课程的主讲沈老师。他原本学习音乐表演，是很好的吉他手。后来，一件小事触动了他，让他决定全身心投入到培训事业中。

当时，沈老师拜访一位著名的优秀的大米行业企业家。当他走进企业家的办公室时，惊讶地发现在不大的办公室中，总共排列了12个大小各异的电饭煲。还没等他开口问，企业家就自豪地介绍说："小沈，你来看，我天天在这里做饭，我太爱这些大米饭了，就像我的孩子一样！现在，我闭着眼睛，都能尝出来它们的区别。"

随后，企业家侃侃而谈，如数家珍。哪种大米口味独特，哪种大米富含微量元素，哪种大米适合老人，哪种大米适合南方人……沈老师几乎插不上话，企业家却说得津津有味。

这一瞬间，沈老师突然明白，为什么眼前这位企业家，能从普通人成长为国内大米行业的领军人物。自然，他有着商业上的精准预判，有着政策的倾斜、资本的加持、团队的支撑，但最重要的，是他有对大米和消费者，有着诚挚的爱。他发自内心地将爱融入事业，事业也因此给他回报。

这次拜访之后，沈老师决心用同样的态度，投入到刚接触不久的培训演讲事业中。他将培训演讲看成与音乐表演同样美好的工作。当他站在舞台上，他想到的不是业绩、不是个人形象，而是如何用演讲向学员们传递温暖爱意，向社会回报正能量。由于有这样的决心，他的演讲培训水准突飞猛进，最终成为铁军团队培训课程的主讲教师，拥有了良好的业内声誉。

沈老师因为内心有了爱，才成功地跨界融入新的事业，完成了个人生涯的华丽转身，也就此开启了改变众多学员生命旅程的道路。同样，无论是管理者还是成员，都应该热爱企业、团队和事业，是它们给予我们人生发展的平台。

团队管理者在工作过程中，应身体力行爱的奉献，将爱传递给遇到的每个人。在生活中，传递爱给快递员、服务员和每个身边的陌生人。在工作中，传递爱给约见的客户、合作的供应商。在管理中，传递爱给同事和成员。在招聘中，传递爱给所有有志于加入团队的人……

管理者应尽可能对团队付出爱，作为对他们工作、学习、努力的回报。《孙子兵法》中："视卒如婴儿，故可与之赴深溪。视卒如爱子，故可与之俱死。"意即带兵的将帅要爱护士兵，将他们当作自己的亲生儿子，这样，士兵就会尊敬将帅，将将帅当作自己的父母。形成了如此亲密的关系，作战时，士兵就会奋勇当先，与将帅同生死共患难。这样的军队，就具备坚强的战斗力，能够创造奇迹。

管理者应随时提醒自己，团队伙伴就是我的家人，我需要关注他们的成长，奉献我对他们的爱。

同样，作为团队成员，应该懂得去关爱自己的同伴，爱护自己的工作成果。发自内心地热爱，对工作会有着异乎寻常的热情，无论工作压力多大、工作难度多高，他们都不会觉得工作有多苦多累，也不会产生诸多怨言。他们会将在团队中的每一天当成乐趣、挑战和成长的机会，并会沉浸其中而乐此不疲。这些人能够将精力集中在工作上，将兴趣和事业完美结合，其专业能力的提升速度，要比普通人快上数倍。即便他们原本没有什么工作经验，管理者也应对他们重点培养，使之迅速从新人变为成熟成员。

有爱的明天才会更美好，让团队充满能量，必须从管理者和成员内心的爱开始培养。

高效能团队

第八章

懂学习才能赢，
如何打造爱学习的团队

团队的智慧，理应高于个人的智慧。在现代企业中，学习的基本单位是团队而不是个人。打造爱学习的团队，才能影响其中每个人，发现和解决整体互动中的根本问题，确保团队能在不断变动的环境中持续调整和发展。打造爱学习的团队，才能在学习和合作过程中，孕育出重要的业绩成果，增强整体配合行动的效率。

01
团队中,唯有学习和成长不可辜负

团队学习,是发展团体成员整体协调并实现共同目标能力的过程,也是集体成长的过程。因此,团队学习的核心内容,即团队成员之间为解决问题而进行的合作与交流。

有这样一段绝妙的比喻,形容团队学习和成长之间的关系:"你有一个苹果,我有一个苹果,我们交换,一人还是一个苹果。你有一个知识,我有一个知识,我们交换,一人就有两个知识。"这段话展现了团队学习为成长带来的优势。

在团队中,从管理者到成员的单人知识总是有限的,全体的知识水平则会呈现有效提升,而向外探求的知识空间更是无限的。因此,团队知识学习的过程,是一个双赢的过程,团队成员不仅能有效从别处获得新知识,同时也能通过团队内有组织的知识互动交流,展现自我知识体系的价值。正是在共同学习的过程中,团队内成员才能更好地认识与了解彼此特点,由个人品牌的构建,推动集体品牌的塑造。

团队学习与成长,包含了五大要素,如图 8-1 所示。

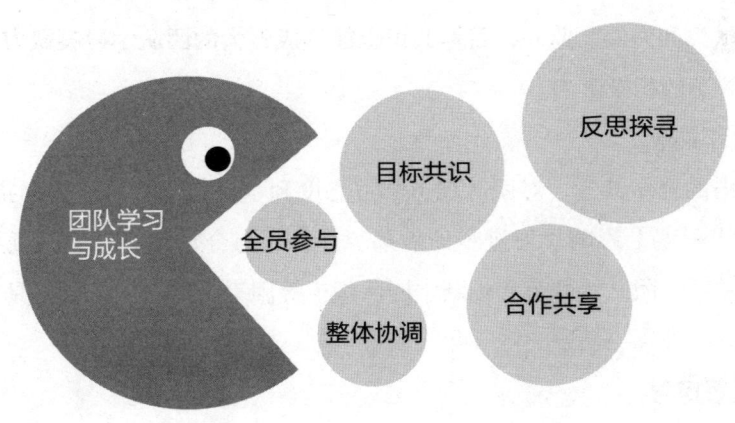

图 8-1 团队学习与成长的五大要素

团队学习与成长的五大要素，这些要素的意义与价值如下。

1. 全员参与

团队学习，是全体成员进行知识共享、信息交换的互通过程，体现的是一种社会关系。团队学习不仅受个人因素影响，也会受团队整体内部环境的影响。包括每个人的教育背景、文化底蕴、学习态度等，都显著影响着团队整体的学习能力。团队必须集体参与到学习中，形成全员参与的良好环境，才能确保团队学习与成长的积极效果。

2. 整体协调

通过团队整体协调，能确保团队组织架构模式、工作岗位、交叉培训、学习环境、组织文化、组织氛围等因素，对团队学习提供积极的正面影响。

例如，在管理者的协调下，团队的学习结构模式，可以打破团队原有的组织架构模式，从直线式转变为扁平式、网络化，这将更有助于成员之间的学习和沟通。

此外，通过团队协调，形成良好的规章制度、文化、学习环境、认知风格等，也能显著提高团队学习效能。

3. 目标共识

成员只有在形成统一目标共识的基础上，保持正确的心态，才能更好地学习。团队目标越是统一，越是能激发成员的学习愿望，指导他们的学习行为，减少学习的缺失和失误。此外，目标共识也能形成强大的团队学习凝聚力，对团队学习具有显著的积极影响。

4. 合作共享

团队内的合作共享，对团队成员学习态度和学习行为具有一定的指导作用，并能在相当程度上影响学习进步的效果。此外，与合作共享有关的领导学习能力、成员关系、团队管理流程创新、团队规模等因素，都对团队学习具有不同程度的影响。

5. 反思探寻

团队成员的反思探寻水准，能有效影响团队学习进程，主要包括个人目标、学习水平、认知、态度、目标取向等因素。

学习过程的反思探寻过程,也是团队成员心理弹性不断增强的过程,是成员巩固个体素质结构的重要过程。正是在反思探寻中,成员不仅能得到新知识、新思想,还能随着环境变化而变化,并在变化中实现对环境适应能力的增长。

02
学习的五项修炼

学习能改变团队,也能改变每个人。在学习过程中,需要重点把握以下五个方面的修炼内容(见图8-2)。

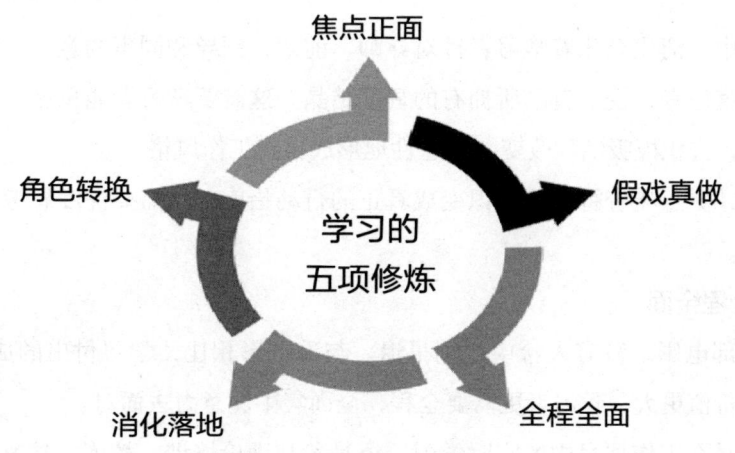

图8-2 学习的五项修炼

1. 焦点正面

学习是修炼,修炼首先在于"修心"。如果学习者不能始终关注富于正面价值的事物,就无法从身边环境中去发现能推动自己学习的积极力量。他们会将精力和时间花费在如何挑剔问题、暴露缺陷上。这不仅会让他们失去宝贵的学习机会,更无法让他们信任、欣赏和认同别人,也不可能从别人身上获取这样的正能量。

因此,学习者必须要把握焦点正面的原则,聚焦于正面事物,才能提高自我价值。

2. 角色转换

角色转换，意味着学习者能活在当下。只有在当下每一刻保持学习心态，集中学习注意力，明确学习目标，学习者才能不断进取，获得更大能力去提升工作业绩，提高自我成就，获得更健康、幸福和美满的生活。

角色转换，意味着在学习时，你应及时忘记自己所谓的成绩、头衔和名誉，转而让自己拥有"空杯"心态，能够虚心了解新知识、接受新观点。通过"自我放空"，丢掉已有的思维束缚，紧跟时代变化节奏，保持领先位置。

3. 消化落地

在人体运转中，消化意味着吸收营养、排除毒素，消化运作正常，身体健康才能保证。同样，学习的重要价值，在于通过对知识的吸收消化，保证价值的落地。

学习中，消化意味着学习者针对导师、前辈、领导和同事的意见、观点，通过自我深度思考，变成自己所拥有的智慧结晶。这需要学习者能积极克服原有的思维惰性，去积极吸纳和改变，创造性地形成自我工作风格。

落地，更意味着将理论知识变成真正的行动指南，这需要深度思考，更需要不断实践。

4. 全程全面

看一部电影，没有人希望迟到早退。与看电影相比，学习付出的成本更多，能诞生的价值更大，学习者更需要全程、全面集中注意力去面对。

无论是在工作项目中的实际学习，还是参与理论培训、教练，学习者都应该集中精力，深入学习，这样才能收获到最大的学习价值。

5. 假戏真做

很多学习过程中，学习者必须进入一定的情境进行实习、培训和演练，以模拟现实工作环境中可能面对的问题，尝试需要使用的方法。

在面对上述学习情形时，学习者应该学会"假戏真做"，能够全身心投入演练中。只有这样，学习者才能接受真正的考验，获得丰富的经验，最终提高解决问题的水平。换而言之，学习者的未来是否精彩，取决于其学习过程中"假戏真做"所投入的程度。

03
如何放下身段，全身心投入学习中

身处团队中，从管理者到成员，必须认识到学习对于自我成长所发挥的关键性作用。无论何种行业、何种阶段，学习已逐渐成为组织的普遍意识，成为个人和企业发展的有力支持。因此，作为团队的一分子，必须学会放下身段，全身心投入学习中。

想要全身心投入学习中，必须具备良好的学习能力。所谓学习能力，是指团队成员学习态度、学习潜力和终身学习成绩的总和，也是动态衡量一个人学习投入程度的尺度。身处职场中，学习并非意味着要脱产进入课堂，而是在工作过程中、生活细节中就能加以学习，处处留意、主动学习，积极观察和琢磨，实现短期内的迅速提高。

团队管理者可以根据下面的标准，观察下属是否已经放下身段，拥有了良好的学习能力。

①保持自身的专业水平，确保在行业、企业或团队内处于积极领先水准。
②懂得学习新知识、新方法、新技术，不断致力于学习和发展。
③不断挑战自我，设立更高的学习目标。
④善于分析和总结成功经验、失败教训。
⑤积极利用多种途径和资源，创造学习机会。
⑥保持积极心态，接受他人的帮助、意见或建议。

通过结合上述标准的分析，整个团队能更清楚地认识到自己的学习状态，更充分地意识到不足和缺陷，从而进一步意识到改变自己学习态度和方法的紧迫性和重要性。因为一个人的学习能力就代表了其竞争力，一个团队也同样如此，能投入多少精力到学习中，就决定了他们有怎样的竞争力。

团队应明确"终身学习"的概念，将学习当成一种习惯。因为思想决定行为，行为决定习惯，习惯决定命运。懂得放下身段，拥有良好的学习习惯，才能让团队成员受益终身。团队成员想要不被淘汰，就必须时刻牢记学习，将之变成内化的自我意识。

想要做到这一点，团队应该从上到下养成良好的学习行动习惯。如图 8-2 所示，为良好的学习习惯。

通过对图 8-2 所示良好的学习习惯的深入了解，团队成员可以形成如下方式的学习模式。

1. 保持随时随地学习的态度

近年来，随着信息设备的更新换代，个人、团队学习的工具日渐增多，线上的付费课程、社群等比比皆是。管理者应强调将这类学习看作投资，不仅应为之付出金钱，更应随时付出碎片化的时间加以学习，从中吸收重要的知识点，结合自身工作岗位，形成富于独特应用价值的个人知识体系。同时，学习者不能"三天打鱼两天晒网"，不应将学习内容作为摆设和敷衍，而是应该真正投入地学习、随时随地学习。

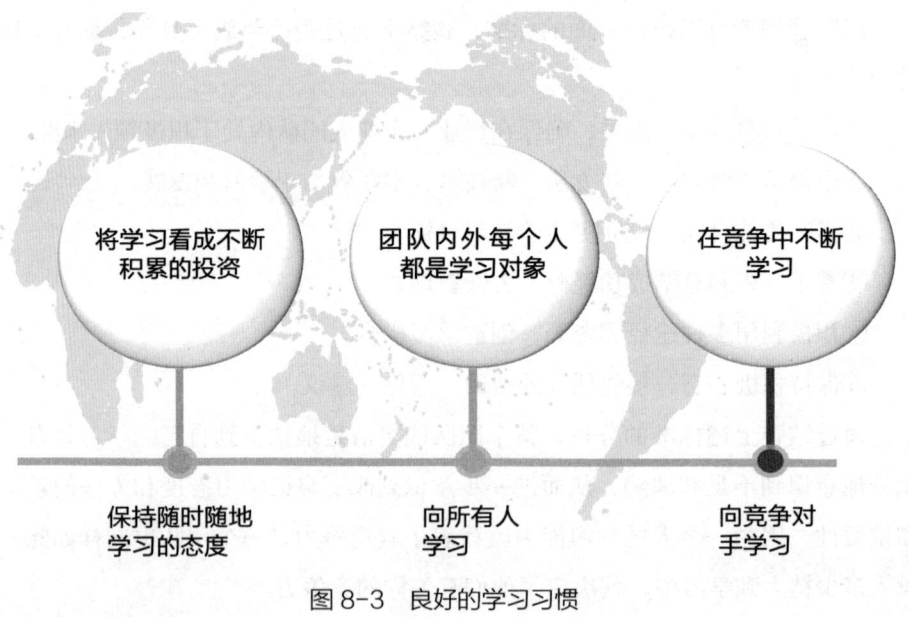

图 8-3　良好的学习习惯

2. 向所有人学习

团队成员不只应该向管理者、培训导师学习，更应该向身边的专业人员学习，包括优秀的销售经理、经验丰富的技术骨干成员、其他部门的专业成员等，学习他们专业化、规范化、体系化的知识，将他们作为自己的"外脑"使用，以期帮助自己提升策划、管理、培训和操作的能力，从而提高团队整体核心竞争力。

3. 向竞争对手学习

团队管理者应教导成员，想要成为什么样的人，就应该和什么样的人竞争。只有不断地和那些更成功的对手"过招"，团队成员才能变得更强大。

为此，在团队内部可以经常组织竞赛、比武、评选等活动，激发成员的竞争意识，让他们在相互赶超中有所学习斩获。也可以组织团队集体外出学习、交流，与更成熟的竞争对手面对面交流，这样既可以积累学习资源，也能得到更多锻炼，让整个团队获得更快的成长和进步。

04
认识到自己的不足，才能学习进步

每个人的思维体系和行为习惯中，都存在着各种固有的观念和看法，导致个人工作和学习能力出现瓶颈和不足。如果不能及时发现、认识和改变不足，就无法取得个人与集体的进步。

在团队成长过程中，人们必须学会作出困难的决定，着手开始自我更新。管理者应该学会将旧的习惯、旧的缺点予以抛弃，放下包袱，形成新的态度，学习新的技能。这样，团队成员就可以发挥潜能，创造未来。

团队中，每个人想要应对时代和环境的变化，必须积极应变，这就要求他们具有空杯心态去改正缺点。同样，学习的前提是先要有好心态，如果想学到更多知识、掌握更多能力、提升职业素养，就要将自己想象成"空着的杯子"，而不是任由骄傲自满。

据说，老鹰的寿命可以达到70岁，是世界上寿命很长的禽类。但想要活到那么长的寿命，需要付出自我更新的代价。当老鹰活到40岁时，它的爪子开始老化，无法有效抓住猎物。它的翅膀变得十分沉重，因为羽毛变得非常厚重，导致飞翔十分吃力。于是，老鹰只能选择150天的漫长进化更新。它必须努力飞到山顶，在悬崖上筑巢，停留在那里不再飞翔。

高山上，老鹰必须用喙击打岩石，直到其完全脱落。随后，老鹰会自我禁食，静静等候新的喙生长出来，再用新喙将爪子趾甲一根根拔掉，等新趾甲长出来后，它们再将羽毛一根根拔掉。

几个月后，当新的羽毛长出来后，老鹰就展翅飞翔，重新搏击长空。

团队中的每个人，都应该像老鹰那样，及时意识到自己的缺点和问题，以"空杯"心态面对新的挑战。

为正确地认识不足、进步学习，团队管理者需要积极培养自身和成员的"空杯心态"。

1. 不断扬弃和否定自我

在团队学习心态的不足中，最可怕的不是稚嫩茫然，而是骄傲自满。许多团队起步之初，面临着内外竞争压力，其成员经验不足，但学习动力十足。随着业绩逐渐提高、资历逐渐丰富，他们开始满足于取得的成绩，变得不愿意继续深入学习钻研。

针对类似普遍存在的问题，团队管理者必须定期为成员心态复位清零，克服心灵中的自满情绪，才能更好地就爱上学习与工作。成员必须意识到，昨天正确的知识内容，今天不一定正确；上一次获得成功的路径和方法，也可能会成为这一次失败的原因。因此，职场人必须抱有空杯心态去学习。

2. 拥抱变化，随时创新

在团队中，或许有人对某种工作经验丰富，或许有人在某个岗位上具备高超技术，但他们也并非没有缺点。对于新的市场环境、客户对象和服务需求，他们依然需要以新的眼光，去重新整理自己的做法，剔除其中落后部分，吸收正确、优秀的创新内容。

如果团队不能积极观察和拥抱变化，就无法感受和领悟，团队就只能看似高枕无忧地躺在既往成功经验上，最终将导致落后与失败。

3. 投资心态

有人说，花钱学习，其实是一本万利的事业。学习实际上就是将价值"装进"大脑，且没有别人，能将之带走。可见，学习是一项伴随终身的投资，团队管理者应将之看作性价比最高、见效最快、最为安全的投资，这项投资不仅能在特定团队、特定岗位上发挥作用，还能跟随成员个人的职业生涯，始终体现其价值。

05
在团队中学习，是最好的修炼

在团队工作，每天都是学习的大好机会。但不同的人，对学习的内涵理解是不一样的。对于许多人而言，学习这个词，经常和"学校""考试"联系在一起，但无法和修炼联系在一起。这样的错误心态，恰恰阻碍了团队的学习和进展。

想要让团队学习氛围不断提升，形成个人最好的修炼机会，管理者应着重从以下方法入手。

1. 消除不良学习反应

在团队学习环境中，主要存在着以下三种不良学习反应。

（1）盲目学习。盲目学习出现在个体行为与环境反应的联系环节上。由于团队内可能缺乏必要的概念、模式或理论指导，成员未能正确理解其学习行动的意义、目标和实际作用，缺少了与学习有关的概念基础，学习就容易陷入盲目。

（2）模糊学习。成员对团队学习和工作的环境没有进行准确观察、衡量或评估。因此，他们难以分辨环境反馈的各种信息，也就难以对个人行为作出评价和进一步调整，也就难以进行有效的学习。

（3）浅层次学习。由于上述原因，最终导致团队成员无论进行何种内容、方式的学习，都无法持续深入完成学习目标，只能停留在粗浅的模仿层次上进行学习。

实际上，学习并不是简单地去了解和记住什么，它是一个信息处理的过程，更是个人修炼进步的过程,通过实践行动中发生的改变,将新的想法和目标努力实现,并利用这一过程来改变团队中每个人的思维模式和行动习惯。这种学习性质的修炼,可以看作一个循环过程,在团队每天的日常工作中循环往复。

2. 循环学习

循环学习,包括四个不同的主要阶段。循环学习的四个阶段,如图8-3所示。

(1)观察

学习者应观察自己每天的工作,包括我应该做什么、如何学习与工作等。通过观察,学习者才能对自身优势和弱点有所认识,找到努力的方向。

(2)分析

学习者应积极分析自己需重点提高的方面,清楚解决其中问题的途径。在此过程中,他们不仅要遵从自己分析的答案,也要虚心听取他人意见,将这些问题考虑并规划清楚,是对自身修炼最有效的帮助。

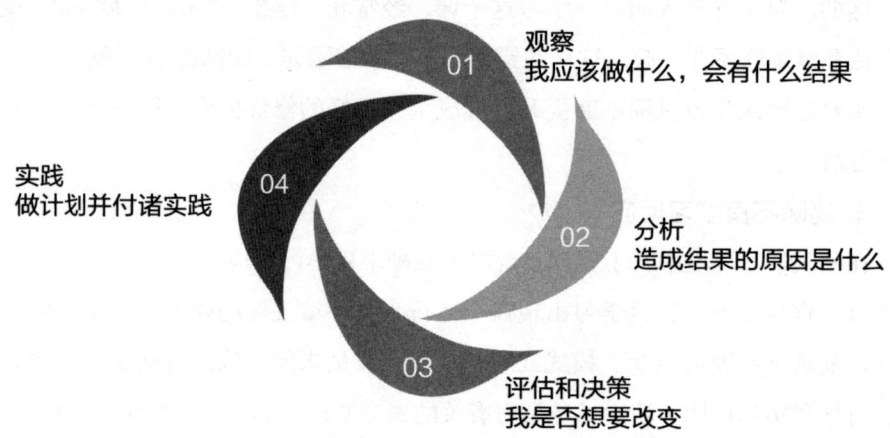

图8-4 循环学习的四个阶段

同时,学习者在分析中要注意以下问题。

①要重点关注那些进展不顺利的事情,而不是将失败归结于外界因素。

②检验学习改进是否可以推行,是否值得投入资源。

③如果能通过学习提升弱项,就应努力寻求改进资源并加以利用。

④在学习过程中,积极听取、采纳团队成员的意见。

（3）评估和决策

学习者应该首先比较加以提升修炼后的学习结果，然后决定自己应如何得到这一结果。为此，不要让"我无法成功""我错了会很丢脸""这也太难了"等观点阻挠自己。相反，学习者应该积极想象那些已经成功实现修炼的人们，形成对他们的正面看法，并向他们学习。

（4）实践

在学习过程中，不断将学到的知识和方法运用在工作中，并从工作中获取新知识。此时，学习者会发现实际运用知识和获取知识之间的差异，并进一步了解自己缺少的部分。这样，学习者又将回到循环学习法的起点，即观察自己每天的表现，认识自己的优缺点，通过分析、评估和实践了解不足并处境学习，获得更多知识。

06
懂学习的团队，才是铁军团队

企业需要怎样的团队？回答可能是多种多样的，积极上进、质量优先、不断流动、协同作战等。但对于任何一家企业而言，只有懂学习的团队，才是铁军团队。

学习，是团队初创、存在并发展的重要动力。不会学习，团队就无法应对复杂的内外环境。不会学习，团队就会创新乏力，与实际需求相脱节。不会学习，团队的管理者成员就会无法获得能力提升，导致能力下降……为了取得良好的学习效果，最为积极稳妥的办法，是将整个团队打造成懂学习、爱学习的学习型团队。

在Z集团，管理者将理论学习与实践结合，发展出一套科学的团队学习方法。

在热身阶段后的导入部分中，导入内容多种多样，包括理论理念、领导讲话、方法工具、经验教训等。

经过导入后，团队坐在一起进行研讨。研讨是团队行动学习的催化剂，通过凝聚所有人的智慧和共识，提升认知水平。管理者则负责对研讨进行催化。研讨过程中，团队全体成员需要根据现象，找出团队需要解决的问题，并加以准确认识。其中包括改变思维模式、创新、收获的阶段等，最终经过反思整合，提交随后的行动计划。

整个学习流程的实质，是从问题出发，进行集体研讨、制定解决方案，最终落实方案。这既是提升工作效率的过程，也是解决问题的过程。Z集团内的各种培训、会议乃至研发工作，都采用了这一学习流程。在此流程中，该集团还引入了重要的行动学习工具，例如头脑风暴、活动挂图、团队列名法、鱼骨图、结构树、帕累托分析、系统思考等，并对团队学习时参与者的角色也进行了划分。

团队想要懂学习，必须解决两个重要的前置性问题，即学什么、怎么学。

1. 学什么

根据大部分企业团队的特点，管理者应带领团队学习的内容，主要分为两个部分。

（1）专业能力，包括研发能力、实施能力、保障能力等，这是确保自身核心竞争力的关键能力。

（2）管理能力，包括市场、营销、生产、人力等方面的知识和运用。

2. 怎么学

管理者可以在团队中采用如下的集体学习方法。

（1）亲身示范。管理者普遍具有明显的一技之长，可以通过展示、传授、训练这些技能，对团队成员进行辅导和指导。实际上，通过以身作则来培养学习的品质，是团队管理者的重要职能。如果团队成员清楚了解自己可以从管理者身上学到什么，他们就会自然而然地模仿和追随他。

（2）集中培训。管理者可以组织开展定期和不定期的培训，也可以在企业内部或外部进行专门培训。

（3）小组学习。团队管理者可以设计专门的主题，组织召开团队内部讨论，并分小组进行学习研讨，形成结果后进行比较分析和相互借鉴。

（4）自主学习。管理者可以设计自主学习的监督、奖惩制度，提供相应的自学成果奖励，包括表扬、资源分配、晋升、补贴、良好的工作内容、支出报销、免除日常工作等，以这些奖励内容，要求团队成员能完成相应的自学内容。

（5）典型学习。团队管理者可以委托某位成员，参与专题学习，完成后，再向团队其他成员进行传授。

很多情况下，尽管团队管理者能意识到学习的重要性，也能发现团队成员的能力和知识短板，但开展学习却并不容易。这是因为学习氛围的养成并非一朝一夕的事情，需要管理者不断示范学习方法。只有管理者喜欢学习、善于学习，团队才能形成学习气氛，掌握学习方法，最终形成良好的学习文化。

高效能团队

第九章

如何从一线员工到企业铁班底

"莫道君行早,更有早行人",一线员工到企业铁班底的道路上,永远有醒悟更早、攀登更早的人。在从业者各自职业生涯的起点上,没有亮丽的履历,没有强大的背景,只有普通的工作岗位、枯燥的基础任务。面对这些,他们秉持着正确的心态,去不断执着努力,最终从一线员工,成长为企业的"铁班底"。

01
善于沟通，才能赢得好机遇

1994年，在美创业飘荡的唐骏，赶往微软总部所在地西雅图。不久之前，他收到了微软的通知函，成为这家公司里一名普通的基层程序员。与此同时，唐骏不由得问自己："什么时候，才能在这里出头？"

唐骏知道，在微软这样的跨国企业里，技术比自己强的人太多了。只有找准自己的核心竞争力，再将之发挥到极致，才有可能从数万名员工中脱颖而出。后来，唐骏回忆说，正是在寻找自身核心竞争力的过程中，他站到了行业的最前沿，找准了对工作的真正态度。

在微软，只有"行动"是不够的。基层员工想要成长为"铁班底"，必须要投入思考，深入研究每个问题的沟通之道，寻找是否可能做得更好。唐骏没有因为工作枯燥乏味而放弃创新，也没有因为自己的人微言轻而退缩。相反，由于认真投入和积极思考，唐骏很快就点亮了沟通中的创新之灯。

1996年，唐骏向上司果断提出建议，在发布英文Windows时，还应该同时发布中文版和日文版。他放到上司桌上的，不只有建议，而且还带上了一个成熟的解决方案和认证办法。

上司说："唐，在这家公司，你不是第一个提出这个问题的人，但你却是第一个带着解决方案和认证办法来的人。"

不久之后，上司认可了他的方案，并调派了资金和人员，让唐骏放手去做。于是，唐骏从默默无闻的小工程师，成为部门主管。随后，他又因为表现突出，成为微软总部Windows NT开发部门的高级经理。

唐骏不仅踏实做事，也认真地"做人"。在微软，大部分员工都是美国人，在当时的传统企业文化下，同事之间除了工作交流，几乎没有往来。但唐骏却认真地记住了所有打过交道的同事，逢年过节，他都会主动发邮件，向他们表示感谢和祝福。这一行为，让理工气氛浓厚、人际关系淡薄的微软人感到耳目一新。其中也包括了只有两面之缘的总监级领导劳丽，正是她，在建立中国微软技术中心的计划中，推荐了唐骏出任负责人。

当然，唐骏成长道路上最重要的一步，是他抓住了和微软创始人比尔·盖茨沟通的机会。

1997年5月12日，唐骏终于和盖茨单独见面了。这次见面，是唐骏为主持发布微软的网络操作系统NetPc而做的准备。在发布会上，比尔·盖茨将亲自演讲。

之前，微软公司里将盖茨当成神一般的存在，他的话无论是表扬还是批评，对员工而言都有重要的意义，唐骏也非常期待见到他。

见面开始的20分钟，由唐骏向盖茨简单地汇报了NetPC项目的设计思路。盖茨听完后问道："这样的产品会有市场竞争力吗？你们的存储根本就没有完全利用起来，太浪费了。"

唐骏对这个最重要的技术问题，早已做了准备。他暗自佩服盖茨的眼光，并冷静地解释说："这是第一代产品，主要是为了和Oracle抗衡。现在第二代正在继续研发中，你提出的问题，我们正在努力改进。"

这个回答，让盖茨基本满意。随后，他开始看起PPT，做演讲前的准备。其他员工见状，跑出酒店开始抽烟聊天。但唐骏还是站在盖茨的房间门口，既扮演"保安"，又担任"秘书"。他想，万一盖茨想了解产品的其他问题，就不再需要临时去找人应答，因为自己对产品是最了解的。果然，盖茨中途出来的时候，看见唐骏站在他的房间门口等候，感到很是惊讶，随后又表现出安然和感动。

很快，盖茨准备好了演讲，为了放松，便邀请唐骏进了房间，随口聊了起来。他问："唐，你会说日语吗？感觉你说得不错。"

唐骏顺势介绍说："我在日本留学过五年。"

盖茨有点兴趣："来微软前，你是做什么的？"

唐骏说："我有一家自己的小公司，后来我卖掉了，选择加入微软……"

就这样，一段简单的对话，让盖茨了解到唐骏。他记住唐骏是一个说日语和英文都很好的中国人，一个在美国创业后又加入微软的中国人。在盖茨眼中，这样的员工有点特别。

随后，两人来到演讲厅。在那里，唐骏已提前将比尔·盖茨上台的每一步，都已经用粉笔在舞台上提前定好位置，并建议盖茨按粉笔的标记如何上台，如何停住演讲。这可能是比尔·盖茨第一次面对如此关注细节的人，告诉他具体的演讲步骤。这让盖茨确信，唐骏确实是个做事认真的员工。

后来，唐骏专门向盖茨写了一封邮件，他说："感谢你鼓励我找到了很好的工作方式，经过部门同事的共同开发，我们做出了微软历史上第一版全球通用的WindowsNT操作系统。对公司而言，这是个重要的版本。对我来说，这个版本也意义非凡。我的技术方案能被微软采用，这让我非常高兴。感谢微软给了我实现自我价值的机会。"在给唐骏的回信中，比尔·盖茨表示自己为他非常高兴，感谢他为公司做出的贡献，勉励他继续努力。

在许多企业，基层员工内心深处都希望企业领导者能记住自己、赏识自己并重用自己，但却无法把握沟通的机会。很多员工内心自卑，认为自己只是普通一兵，并非"老板"的亲信。因此，平时对领导敬畏有加，在电梯里遇到领导时，却紧张得不知如何开口，更不知道怎样沟通。

与此相反，唐骏始终通过积极沟通，展示出自己想为公司做贡献、想进入"铁班底"的决心。围绕沟通，他总是能为企业的上级和领导着想，凸显他们的权威。同时，他也总是能利用沟通，去明确企业经营过程中的现实需求，准确展现自己的能力，积极提出看法和意见，扮演更重要的角色。由于擅长沟通，唐骏终于成长为微软的"铁班底"成员。

和盖茨沟通后不久，1997年11月，唐骏受微软委派，到上海建立了中国区技术中心。第二年，微软总部将该中心提升为亚洲技术中心。2002年3月，唐骏荣升为微软中国区总裁，其个人事业达到巅峰。

唐骏成功的秘诀，不是光鲜亮丽的学历，也没有精心设计的人脉。他的成功在于高效沟通，背后是简单的公式"勤奋+思考"。

勤奋，就像0，而思考，则像1。正是通过简单数字的反复组合，构建出了一长串的业绩。这样的员工，能在关键时刻，凭思考做出正确决定，写下"1"的起点，然后用更多的"0"，变得越来越富有。

相比之下，世界上还有千万个看似勤奋但却又"贫穷"无比的员工。这些员工的勤奋，停留在表面行动的忙碌上，思考层面却空无一物。他们也因此只有

"0"而没有"1"。只有像唐骏这样的员工，既有行动上的勤奋付出，也有思考上的不断努力，这样，他们才能获得更多的表现机会，成为企业的铁班底成员。

02
勇敢付出，不求一时

今天，"抖音"在中国，可谓家喻户晓。而在世界上，"抖音"也属于名列前茅的手机 App。但当年"抖音"的创始团队，是其母公司"字节跳动"最普通的一线员工。他们凭借自己的努力，成长为这家庞大独角兽公司的铁班底。

抖音创始团队，在当时并不亮眼。在不到十个人的创业团队里，有初出茅庐的产品经理，首次负责整体设计的设计师，刚毕业开始写程序的研发人员，刚接触互联网的运营实习生。

王晓蔚是抖音最初的产品负责人。2016 年 8 月，他刚结束了头条主端的世界杯活动，接受音乐短视频的项目。此时，短视频市场上，快手、小咖秀、美拍风生水起，阳陆育团队打造的 musical.ly 墙内开花墙外香，登顶美国 App Store 榜首。相比之下，今日头条的日活跃用户规模只有 5000 万，头条视频刚上线，火山视频也只有用直播平台。王晓蔚几乎是"一穷二白"，所有资源都是初始状态。

王晓蔚开始到处寻找团队其他成员，他真的找来了一帮"怪才"。

产品经理张祎，喜欢纹花臂，玩极限运动，每周末都要骑摩托进山，只做过三年运营，无产品经理的经验。

内容运营佳靓，活动策划实习生刚转正，大学就读于外院，熟悉各种小众音乐，对内容运营工作几乎无认识。

用户运营李简，是王晓蔚从火山直播间里挖来的弹唱主播，还在读播音主持专业的大三，从未接触过互联网行业。

用户运营小安，之前只当过实习生，他第一次看见产品主页打开，就自动播放全屏视频。小安"吓了一跳"，后来坦言："这是什么鬼，从来没见过。交互太诡异了。"

在字节跳动的牛人群体中，这个团队毫不起眼，他们不声不响地将工位搬到二层楼的角落，开始全身心投入做人生的第一款产品。团队盘点了市面上每款短视频产品，发现缺乏时长15秒、专注一二线城市的"95后"年轻人的产品。这群年轻人决定，将宝压在同龄人身上。

为迎合目标用户的需求，团队将附近中学的学生邀请到会议室，听他们讨论喜欢什么样的产品。24岁的产品设计师纪明参考这些意见，做出了重色调、亮色辅助的抖音Logo，并由此构建了整个软件的风格。他每天凌晨两三点上传标注模块，研发小组第二天上班时就能开发，一周后，充满Bug的抖音第一版开发完成。面对各种问题，设计、研发、技术和产品经理们坐在一起，凭着年轻人的冲劲，从头开始修改。

字节跳动位于中航写字楼矮楼二层的高台上，这个团队的工位，夜里两三点钟，整座大楼的灯都灭了，只有他们的灯依然亮着。因为缺乏经验，他们必须做到这么晚，从产品运营到研发小组，都没人做过视频或拍照应用，简单到不能再简单的滤镜，都要经过很多遍参数测试。但这些年轻人能快速学习不熟悉的领域，并有着足够热情去慢慢细致打磨。

这个团队还擅长和早期用户充分沟通。抖音早期用户中，有位技术流意见领袖"薛老湿"，他在体验产品后毫不客气地回绝了入驻邀请："你们产品太简陋了，就这破车还想上高速？"但用户运营李简并没有放弃，依然每天见缝插针请"薛老湿"提意见。"薛老湿"告诉他，同类视频产品普遍音画不同步，虽然只有200~300毫秒的延迟，不容易被普通用户发现，但始终是个问题。这个年轻团队决心对此加以挑战，运营、产品、研发、技术小组和"薛老湿"共同视频，不断调整版本，发现问题及时解决。

为了从更多的"薛老湿"那里得到建议，抖音团队专门成立了一个技术答疑群，让技术员工和用户直接沟通。碰到在群里说不清楚的问题，他们会直接邀请用户来办公室，字节跳动食堂好吃的评价，就是此时开始流传出去。

在不断的互动中，产品运营和早期用户结下同龄人特有的深厚情谊。用户过生日时，运营会寄生日蛋糕和拍摄道具过去。2016年的圣诞节，李简甚至专门申请了信用卡，为远在加拿大的"薛老湿"在亚马逊上选购了一棵圣诞树。而同为

"北漂"的运营和早期用户，经常会私下约火锅，相互咨询帮忙学业和情感问题。

一遍又一遍的打包、测试和沟通中，一个多月过去了，"薛老湿"等早期用户终于满意，他们不再搬运其他平台的视频，而是改用抖音发原创视频。

2017年春节到来了，设计师纪明忽然发现，过年回家的高铁上，许多人都在刷抖音。回到家里，母亲同事的上小学六年级的女儿，知道他在抖音工作，拿来笔记本要签名。纪明知道，团队的努力没有白费。回到北京，他看见用户数据曲线始终向上攀升……

在勇敢的付出中，"抖音"终于爆发了，成为"字节跳动"的拳头产品。今天，其初创团队成员，也成为这家公司不折不扣的骨干成员。

现代企业管理学认为，员工业绩高低，与其个人能力的关系并非最直接，而是与其工作、行为以及做人处事的习惯等因素，有紧密关系。一个人想在所处团队中有所成效、有所建树，就应勇敢坚决地付出行动，并将之作为重要的工作基本原则。

企业管理者应制定出科学高效的工作标准，并以此要求员工。同样，优秀员工所取得的任何成效，也都建立在自身积极行动、对工作认真负责的基础上。如果你作为员工，对工作具备充足的热情和信心，并愿意努力奋斗，你就一定会取得出色的业绩。而这种业绩上升带来的信心提振，对员工个人的进步而言，非常重要。

正如抖音开发团队的员工那样，只有凭借你眼前的一切资源，为企业不断付出，你才能在企业中找到自己的位置。这将为你带来充分的机会，获得他人对你的信任与支持，成功走进企业的铁班底。

03
聚焦重点，养成良好习惯

2012年，美的集团发生了重要的人事变动：创始人何享健将董事长一职，交给方洪波，实现了领导职位的传承。

时间回到20年前，那时25岁的方洪波刚加入这家企业，而20年后，他已经成为这艘大船的新船长。当人们还在羡慕方洪波为何有如此运气时，他已用数字交出了完美答卷。2017年，美的年销售额从1000亿元提升到2000亿元。这意味着，在5年时间里，方洪波在原有基础上，再造出一家美的。

属于"外姓人"的方洪波，是如何在具有浓厚家族色彩的企业中，从普通员工逐步走入铁班底，又成为继承人的？答案是，他20年来的工作态度，始终聚焦着企业领导者关心的重点。

1967年，方洪波出生于安徽的偏远农村。为了改变命运，父母坚持供他读书，到初二时，他跳级上了高中。由于高考时年龄太小，父亲为他选填了志愿。16岁那年，他考上了华东师范大学历史系。虽然年龄小，来自农村，普通话欠佳，但方洪波做事稳重、交际能力突出，很快成为学生干部，并入了党。1987年，他虽考上了本校的美国史研究生，但却选择了放弃——他想要用自己的方式去开阔视野。

踏入职场后，方洪波先是在湖北襄樊的东风汽车制造厂工作。5年后，他厌倦了这里，因为他觉得自己最多只能做到一个处长，顺利退休。但他不想碌碌无为，而是要成为一家优质企业的"铁班底"。

1992年，方洪波辞职，来到广东顺德，凭借着扎实的文字功底，他进入了美的总裁办。方洪波的第一份工作，是出版美的企业报，负责从组稿到写作、编辑的一系列工作。同时，他还要为领导们写讲话稿、总结、报告。有时，他还要参与公司的宣传和推广工作。

无论哪些工作，方洪波都认为是自己了解企业的好机会。他抓住每一次工作，去熟悉美的的所有业务事宜。随着认知积累越来越多，善于动脑的方洪波，认识到营销才是这家企业的经营焦点。于是，他针对美的营销模式中的利弊，进行了深入分析，产生了不少好想法。

3年之后，即1995年，方洪波的事业转折点终于到来。他的才华被领导发现，使他有机会跳出总裁办，向新的营销岗位迈出一大步。

据说，方洪波随同美的创始人何享健出差，就将自己观察了解到的市场情况进行整理总结，并以此为出发点，表达了自己的观点。这次出差，让何享健对方洪波的胆略、见识和执行力，产生了很深印象。回来之后不久，他就提拔了方洪波，将其看作亲信。方洪波也就此找到施展机会的空间，成为何享健的铁班底。

1995年7月，方洪波成为美的集团广告科科长，担任了美的空调广告营销的重要任务。在这个岗位上，他很快围绕营销焦点，挥洒出大手笔。当年10月，他制作出一款让全中国人都瞩目的电视广告。

这款广告由当红的电影明星巩俐担纲。那时，粉丝文化虽然还没有兴起，但巩俐也有充分的神秘感，能充分吸引市场关注热度。方洪波为了能选她担任美的形象代言人，说服何享健同意了一笔不菲投资。随着广告语"美的生活，美的享受"传遍大江南北，"美的"家电产品销量大增。由此，1996年，方洪波再进一步，被任命为市场部部长，全面负责广告、营销和销售工作。

从此之后，方洪波一路直上。1997年，他被提拔为空调事业部国内营销公司副总经理。2001年，就任空调事业部总经理、集团副总裁。在外人看来，他只用了6年时间，就达到别人终身也难以达到的职业高度。但回首看去，方洪波的每一次"上位"，都体现出普通员工走向铁班底过程中不可缺失的聚焦品质。

当方洪波只是普通的企业报刊编辑时，他并没有看轻自己的工作职责，更没有将自己看成传递企业的话筒。相反，他利用自己的岗位优势，将工作过程中获得的信息作为资源，努力聚焦企业营销活动中出现的问题。这看似超越了其应有的职责，实际上是在急领导所急，想企业所需。更重要的是，他在聚焦的过程中，形成了自己的思考和想法，并因为这些积累，而为何享健所发现和重用。

当方洪波成为广告部、市场部负责人后，他没有跟随其他同行亦步亦趋，而是大胆聚焦于学习、探索和创新。当其他企业大都将市场营销定位于简单的买卖关系时，他就已积极计划建立和谐的客户关系，并提出了销售向营销转变、制造向需求转变的先进思维，使美的在竞争中重新领先。

方洪波之所以有这样深刻的见解，与他良好的学习习惯密不可分。多年来，他始终订阅数十种杂志，每天都会安排一小时的读书时间。他曾说，书才是自己的精神净化器，也是一切力量的源泉。不断学习和自我提升，是方洪波能从普通员工走向铁班底的重要原因。

身为员工，每天都要面对大大小小的工作任务。不少员工在工作过程中不分主次，只是按部就班地一项项完成。但他们最终很可能会发现，小事没做好，大事没做完。更严重的是，领导者由此会忽视这些员工的价值，导致他们失去做更重要工作的机会，也就难以进入铁班底。

对企业组织而言，工作是没有大小的，每一项工作都需要员工努力完成。但对员工个人而言，同时面对的工作是有主次之分的。员工面对所有工作内容，要分清主次，依顺序解决最重要的问题。

作为下属，我们一定要清楚，尊重领导者并不只是表面言行的尊敬，而是要将领导者所重视的工作，作为自己最重视的工作。这才是在最重要的方面，维护领导的权威，支持领导的工作。只有这样的员工，才是真正分清主次、抓住重点的员工。只有这样的员工，领导者才会产生可重用的良好印象。当双方形成和谐融洽的上下关系，必将推动你日后的职业发展。

04
赢得信任，证明自己给领导看

腾讯不断壮大时，马化腾年纪并不大，但他很早之前，就想到了要为腾讯培养一位接班人。

选择接班人这件事，是每个成功企业都会充分重视的。对企业创始人而言，创业难，守成更难，而自己将来退休后，能继续让事业开枝散叶，就显得难上加难。选择什么样的接班人，大则对企业未来发展有重要影响，小则会影响到创始人家族的资产情况。因此，精明如马化腾，早就开始着眼挑选接班人。

2005年，腾讯公司的部门总数达到30多个，而管理体制还是创始团队的几个成员，分别管一块。但与此同时，腾讯的业务变得更多样化，也更专业化，不可能靠一个人去掌管。马化腾决定，选择一个接班人，让接班人去直接领导，由接班人在各个部门之间进行协调，做出更多决策，做更多具体的事情。

为此，马化腾针对不同的重要岗位，引入富有经验的职业管理人，并从中物色自己的接班人。

和普通企业那种"传位"式的交接班不同，马化腾采用了二元化的接班战略。这种团队领导模式的更换，是指创始人和职业经理人，同时出现在领导岗位上。身为创始人，马化腾最终选择的职业经理人，是刘炽平。

刘炽平曾在高盛担任过职务。他生于北京，成长在香港，此后又留学美国，在高盛担任亚洲投资银行部电信、媒体与科技行业组的首席运营官。2004年，腾讯上市项目由高盛操作，代表高盛的正是刘炽平。正是这次合作，使他真正接触腾讯，也让马化腾了解到他的能力。很快，刘炽平受马化腾邀请，担任腾讯首席战略投资官。2006年，他升任公司总裁，2007年，成为执行董事。

在宣布刘炽平成为总裁时，马化腾亲口说道："总裁就是CEO的继承人，我们就是这样培养的。"当马化腾这样表述时，不仅意味着自己开始培养接班人，还等于要求携手创业打造腾讯的几位伙伴，都应认可刘炽平的总裁地位。

在刘炽平的带领下，腾讯公司将在线生活战略进行全面展开，完成了即时通信、门户网站、电子商务和互联网游戏的战略布局。2006年，其门户网站流量达到中文门户网站第一，同时推出了电子商务平台、在线支付平台，休闲游戏平台也成长为全球第一。到2013年，还是在他的主导下，腾讯又再次变局，将搜索和电商业务剥离，以投资形式换来时间，积极寻找新的增长方向。

近年来，刘炽平帮助腾讯，不断提前布局海外市场。据说，由于他的主导，腾讯在全世界范围内所有超过1亿人口的国家内，对其排名前列的游戏公司加以收购或投资。在国内，刘炽平还领导腾讯投资了金山、搜狗、大众点评、京东等企业，形成了富于战略影响力的业务布局，将腾讯变成中国市值最高的互联网公司。

刘炽平之所以能深受马化腾信任，成为接班人，原因在于他对企业和创始人的熟悉。外界一度有人评论说，刘炽平是个职业经理人，还是"空降"进入公司，背负的压力肯定很大。从腾讯的名字来看，这家企业就有很强的创始人烙印。让刘炽平去管理这样的企业，肯定会面对各种冲突和不顺。更重要的是，对这家企业的管理团队而言，他是一个新人；对新员工来说，他却是老人。他又如何面对自己"半新不旧"的角色呢？

对此，刘炽平不以为意。他曾对外界说，自己并不是什么空降而来的。他虽然是 2005 年 2 月才进公司，但其实早在 2003 年 9 月，他就和马化腾有了充分接触，并对整个公司的管理团队非常熟悉。正因如此，他成了马化腾的"自己人"，走马上任之后，马化腾自然愿意对他放权，也给予了很高的信任度。

实际上，马化腾又怎么可能将腾讯这个"亲儿子"，随便安排一个自己不熟悉的人？早在 2003 年时，马化腾就不断观察刘炽平的领导能力和工作态度，并发现他虽然是高盛的人，但在为腾讯服务上市过程中，对企业的情况了解十分详细。2005 年初，他将刘炽平引入腾讯担任首席战略投资官后，依然继续在观察他，最终确定他"懂的东西很细，问问题的技巧到位，得到了多方认可"，才给予他总裁的职务，而且初期也只负责市场和销售。

作为创始人，对自己的接班人，马化腾步步筹谋、不断考察，最终才确定他是"自己人"。

而成为马化腾的接班人，也意味着刘炽平的个人财富不断攀升。在《2021 胡润中国职业经理人榜单》上，刘炽平稳居第二位，以 290 亿的身价向榜首的程雪发起冲击。

刘炽平的经历，证明每个企业的创始者、领导人，都会考虑接班人问题。接班人可能来自内部，也可能来自外界，无论一个人在什么时间节点走进一家企业团队，想要成为领导的接班人，首先要证明自己给领导看，从成为领导的"自己人"开始。

对大多数职场人而言，既然进入职场，就免不了利益交换和与人相处。但很多职场人只是想到利益最大化，却没想到与领导相处的情谊最大化。不少人，在面对组织、同事乃至上司需要的时候，过于计算眼前利益得失。于是，他们面对困难和压力选择退缩，面对成果和荣誉又过分积极。这样的做法，体现出的格局之小，已足以让其无法赢得领导和同事的认可，建立信任、成为铁班底，更是成了一句空话。

良好的人际关系，能让员工更和谐地融入群体。良好的信任关系，同样能让员工更好地和领导相处。这样的员工，可以为群体所接纳，为领导所重用，也能让个人的知识和能力获得极大拓展，得到与他人充分合作的机会，甚至成为互惠互利的伙伴关系。

05
扎根团队，真正强大的并不是背景

近年来，职业经理人在中国变得越来越热门，这个随着改革开放而不断深入中国企业界的概念，开始变得耳熟能详。很多被称为"打工皇帝"的著名职业经理人，早在多年前，就曾不同程度地走红。例如，曾经拿过10亿天价年薪的唐骏、"微信之父"张小龙等。除此之外，也有一些职业经理人选择低调，不愿被外界有任何关注。海天味业的程雪，就是其中的典型代表。

直到2021年1月，胡润研究院发布《2021胡润中国职业经理人榜》，许多人才听说了程雪的名字（见表9-1）。这一年，刚满50岁的程雪，以650亿元财富，傲然成为"中国职业经理人首富"。不仅如此，在整个海天味业高管团队内，还有6人进入了这个榜单。

表9-1　2021胡润中国职业经理人榜（前十名）

排序	姓名	财富（亿元人民币）	公司	年龄
1	程雪	650	海天味业	50
2	刘炽平	290	腾讯	47
3	井贤栋	175	阿里系	48
4	张小龙	140	腾讯	51
5	邵晓峰	135	阿里系	55
6	潘刚	130	伊利	50
7	杨丽娟	125	海底捞	42
8	方洪波	110	美的	53
8	张勇	110	阿里系	49
10	童文红	105	阿里系	50
10	吴振兴	105	海天味业	51

海天味业究竟有什么样的高管团队？而程雪又如何在这个团队内低调成名？

身居大企业管理高位的女职业经理人，并不在少数。相比她们，程雪显得非常神秘，无论线上还是线下，能够进入公众视野的只有短短几行字的人物介绍：程雪，女，中国国籍，无永久境外居留权，本科学历，高级工程师。1997年至2010年，程雪担任海天味业公司的策划总监、副总裁、董事，现任副董事长兼常务副总裁。

除此之外，程雪几乎从来没有接受过采访，也极少在公众活动上露面。

相比程雪的低调，海天味业的产品几乎尽人皆知。

1955年，海天味业在广东佛山成立。这家企业由清代乾隆年间的25家佛山古酱园合并，经过公私合营，成为"珠江酱油厂"。经过20世纪60年代的技术改造、70年代的机械化生产和80年代的扩产时期，到90年代，这家企业通过国有企业改制崛起。1993年，海天牌系列酱油产品进入美国。1995年，采用了新的外包装和标签形成，使得产品更适应现代市场竞争。2000年，海天开始崛起，成为国家卫生部推行"全民补铁计划"的定点企业。2005年之后，海天参与到一系列国家制定中。2012年之后，这家企业销售破百亿元，并于2014年在上交所上市。

同样是"首批中华老字号"，有些企业停步不前，既没有经济利益，也丢掉了品牌号召力。而海天味业的高管团队，则带领一家传统企业不断改进，而最终成为强大的民营企业。

程雪的个人成长，正是因为选择了这样的企业平台，才成就职业经理人的神话。她并没有纷繁复杂的职场背景，始终只为海天味业服务，甚至其毕业院校也不为外人所知。

可以确定的是，原本是江苏盐城人的程雪，很早就加盟了海天味业。早在1995年，海天味业进行所有制改革时，她还不到30岁，就已经是海天酱油厂的员工，并主动参与认购了1.5万股。此后，她用努力工作换来进入管理层名单，担任了策划总监。正因具有高管的身份，她也获得了大量认购企业股份的资格。到1999年，海天味业向当时17名员工骨干发售股权，总共相当于80万元注册资本，程雪一人认购了18.69万股，几乎占了总数的25%。

对这个数字，有人算过一笔账。那年，北京二环以内的房价均价，只有每平方米 1980 元。程雪用来认购股份的钱，能在当时的二环内买套 100 平方米的房子。从团队角色来看，敢于动用人生初期积累财富的本钱，为这家企业的未来"下注"投资，足以证明程雪的胆略和之大、眼光之准，也足以说明，她对企业的归属、对团队的信任。

此后，她一路走到副董事长的位置，随着企业的每一步成长，每一次增资扩股，她的个人财富也会随之增加。

目前，程雪持有海天味业上市公司 3.17% 的股权，持有海天集团 13.05% 的股份，总和超过了海天味业 10% 的股份。2020 年，海天味业股价暴涨 125%，程雪身价达到惊人的 650 亿元。随着海天味业不断上升的市值，她的身价将不断攀升。这也难怪胡润表示，想要上这样的榜单，职业经理人必须依靠手中的股权价值，而不是靠收入。

海天味业不仅打造出了程雪，也打造了其他成功的高管。例如，1998 年开始在海天工作的吴振兴，从营销办主任位置上一路提升，致力于企业营销工作。2015 年开始，吴振兴担任集团副总裁，目前其持有海天味业 1582.6 万股的股份，身价达到 105 亿元，位居排行榜第 10 名。其他如黄文彪、张欣、陈军阳、管江华等人，都以 42 亿~78 亿元之间的财富数量，占据排行榜内不同位置。

程雪虽然在公众前很低调，但海天味业早就凭借高管团队的强大而闻名于资本市场。2010 年，海天味业股份改制后，股份进一步集中，形成了 58 名的自然人股东。其中领导者是海天味业董事长、总裁庞康。1982 年，他成为珠江酱油厂的副厂长，因为表现出色，到 1988 年，国企推行承包经营责任制，庞康成为企业发展的主导者。6 年之后，以他为领导的管理团队，逐渐获得了 70% 以上的国有股份，并将海天变成一家民营企业。为了奖励他的铁军团队，庞康将这些股份不断分配给高管成员，使他们的个人财富达到了职业经理人的最高级别，书写了程雪这样的低调神话。

程雪的故事告诉我们，成功者并不一定需要多么华丽的背景、复杂的经历，扎根一家企业、认定一个领导、跟随一个团队，你同样能在自己的层面，做到真正的第一。

初入职场，新人通常都会在普通岗位，从事看似琐碎不起眼的工作。这是每个人都需要经历的起步阶段。身处其中，心态将决定个人如何成长。如果此时一个人心浮气躁，觉得才华被埋没了，他就很难在企业中有所进步。相反，如果他懂得调整心态，接受眼前环境，扎根目前岗位，就能为未来的发展铺好道路。为此，员工应注意以下几点。

首先，保持"空杯"心态。要每天带着"空杯"工作，让心态归零。在职场中，将自己的"杯子"倒得越空，未来能装下的资源就会越多。相反，越是自以为是的人，越是容易给别人造成稚嫩肤浅的印象。因此，员工身处企业，首先要做的不是抱怨，而是保持平稳心态，努力上进。

其次，保持耐心。无论在哪家企业工作，扎根工作的心态都很重要，心浮气躁、缺乏耐心，只会让员工损失更大。任何一家企业，都存在相对的缺点，就像世界上有形形色色的人，并不存在绝对完美的个体。如果你总是推卸责任，认为企业充满问题，或者将企业看成跳板。那么你在现有平台上，也很难学到有价值的东西，即便换一个公司，也依然会面对同样的困惑。

最后，持续学习。职场上，员工需自行摸索，但更需持续学习。身处基层岗位，就应扎根于学习角色，不断观察和学习同事、上司的正确想法和行为，将之消化吸收，成为自己职业生涯的养分，从而获得事半功倍的效果。

只有扎根，才能长远。员工必须从当下做起，从眼前的点滴细节做起，才能持续生长，灿烂开放。

06
目标导向，成为敏捷团队的"天才"

1994年秋天，张小龙从华中科技大学毕业。他没有走进分配的工作单位，而是选择了刚萌芽的互联网行业。两年后，他带领团队，开发出了FOXMAIL1.0版本，这个邮箱管理系统让当时的中国IT行业感到震惊，很多人认定张小龙是个天才。

2005年，腾讯收购了FOXMAIL。此时，马化腾正在利用QQ积累下的巨大用户量，寻找资本力量，扩张商业版图。而马化腾看中的并不是FOXMAIL这款产品，而是张小龙和他20人的团队。

马化腾没有看错，每个渴望有所成就的人都有自己的梦想，每个团队也是如此。为实现梦想，他们会全力以赴，他们会坚韧不拔，正是这种拼搏精神，会带给他们事业的成功。张小龙将在腾讯的平台上，为自己和团队追逐梦想，打造简单、好用、人性化的互联网产品。

张小龙进入腾讯后，先是担任腾讯广州研发部总经理。此时，QQ邮箱情况较差，张小龙和他的团队开始负责解决这个问题。张小龙决定，换一种思路来重新看待产品，以放手一搏的姿态，向现实困难进行反击。

2006年初，在研发团队的年会上，张小龙借用迪拜帆船酒店的照片说："我们应该做一个最好的邮箱，七星级的。"对此，台下没有响起掌声，反而传来善意的笑声，随后是窃窃私语。张小龙自己也笑了。确实，对于此时的QQ邮箱而言，情况能有所改善就不错了，想要做成七星级的邮箱，确实有些"不自量力"。这也让张小龙的笑，看上去是为了掩饰尴尬。

但是，张小龙不是毫无理由地树立目标，而是有过深入思考，并很快付诸行动。为了改变QQ邮箱的现状，他成立了一个很精简的小团队，除了必要的技术支持人员外，这个团队只有10个人。张小龙将之称为"敏捷团队"。

敏捷团队，顾名思义，就是做事要短平快，以扁平化的组织结构、强大的技术力量、专注的合作意识和高效的沟通过程，取代原先的工作方式。在张小龙的带领下，团队使用了敏捷项目管理方式，从而快速地推进QQ邮箱的革新项目。

在敏捷项目管理推行之前，QQ邮箱的工作方式是"瀑布"式的。产品经理设计完成产品后，先做出产品需求书，然后交给开发人员，再由不同领域的开发人员各自分工完成任务。当开发人员的工作完成，形成产品后，再交给测试组测试使用，挑出毛病，进行改正。

敏捷项目管理，打破了这种循序守旧的流程。原先的工作流程被拆开了，形成新的横向流程。产品、开发、测试等领域，各自组成10人小组。这些小组将同时运行，大大提高了工作效率，确保研发环节能同时进行，改变了之前不同环节各自为战的状态。举例而言，之前QQ邮箱团队的不同成员，按照各自工作性质划分区域办公。但在敏捷团队结构中，人员大大精简、产品、开发、测试、界面设计等人员都坐在一个办公间内，出现问题，可以随时交流。经常用一两句话，就能发现和解决问题。

当然，张小龙也承认，敏捷项目管理方式，确实是目标导向的。这种团队运作方式，并不是最好的。任何一个团队的运行，都不能强行套用某种流程，而是要考虑新的工作流程，更快地实现工作目标。正因如此，真正的优秀团队，总是会采用全方位思维，即开发、产品、设计等方面，互相理解对方的角色和任务。这样，才能在团队合作中更好地沟通协调，提高整体的工作效率。

在这段时间里，张小龙成为办公室里的"国王"。他经常随性地穿着短裤，在办公室格子间走来走去，随时观看程序员的工作进度。只要发现对方代码存在问题，他就会立即指出。在他的监督下，QQ 邮箱的技术内核被全盘颠覆、重新编写。张小龙要求，这个小团队必须重新迅速搭建邮箱架构，不能借鉴其他任何产品。

由于采用了新的团队工作方法，很快，经过创新的 QQ 邮箱重新问世。而借助敏捷工作思维，该产品升级新版本的周期，也从原本的两三个月缩短到了两周。由于不断更新迭代，客户对产品有了良好体验。他们很快感到，自己提出的建议获得了接受和重视，而且腾讯也能及时地对问题做出改进。QQ 邮箱就此成为国内互联网邮箱服务的里程碑。

张小龙不断打造创新、敏捷、高效团队的管理思维，终于在 2011 年凝聚成为一个伟大产品，那就是让每个普通人都爱上并使用的微信。借助微信的力量，张小龙可谓天下知名。不少人以为，张小龙是智商过人的天才，其实，他的管理内核能力，是从对 QQ 邮箱团队的改造开始形成的。

通过张小龙的故事，我们可以了解到，在激烈的市场竞争下，优秀的团队之所以优秀，是由于其管理者拥有积极思维，并能将其运用在工作中，以正面引导的方式带动员工，让他们以新的方式形成工作系统，去实现既定目标。

管理者的积极思维，能充分发挥员工的主观能动性，体现员工的创造性，身为团队的管理者，想看到员工变成铁军，就要从开发和掌握积极思维开始。

管理者如此，员工同样如此，职场是每个人都必须面对的迷宫，每个人的职业生涯，都要从迷宫起点开始逐步探索，在亲身经历之前，不可能一切都已安排妥当。身为普通员工，必须明确目标、选定方向，才能走上清晰的发展路径，在职场迷宫中踏出自己的节奏。

树立目标，员工能实现自我控制和管理。当你树立工作目标，想要完成自我超越时，内心将产生战胜并实现目标的创造力量。在这种情况下，你不需要他人的指令，也会积极主动地做好自己负责的工作，提升个人能力，以更好地实现工作目标。

在明确目标之后，员工还要努力培养团队意识。现实中，一些员工往往只关心自己眼前的事情，却忽略和其他同事相互配合，由此导致所在团队方法落后、效率低下。而当员工实现目标导向后，就会积极培养个人团队意识，成为团队的一员，将自己的目标看作团队目标的有机组成部分，从而站在团队的整体角度去考虑问题，以承担更大的责任，扮演更重要的角色。